U0022152

于凌波　著

唯識學綱要

東大圖書公司

國家圖書館出版品預行編目資料

唯識學綱要／于凌波著.－－三版二刷－－臺北市:
東大，2022
　　面；　公分

　　ISBN 978-957-19-3175-3　（平裝）
　　1. 法相宗

226.2　　　　　　　　　　　　　　　108000040

唯識學綱要

作　　　者	于凌波
發 行 人	劉仲傑
出 版 者	東大圖書股份有限公司
地　　　址	臺北市復興北路 386 號 (復北門市) 臺北市重慶南路一段 61 號 (重南門市)
電　　　話	(02)25006600
網　　　址	三民網路書店 https://www.sanmin.com.tw
出版日期	初版一刷　1992 年 1 月 修訂二版七刷　2015 年 10 月 三版一刷　2019 年 5 月 三版二刷　2022 年 4 月
書籍編號	E220220
I S B N	978-957-19-3175-3

東大圖書公司

修訂二版序

　　唯識學，是法相唯識宗的宗義。法相唯識宗，是繼承印度瑜伽行學派的學統，而在我國唐代所建立的一個宗派。唯識宗所依的經論，有譯自印度者的「六經十一論」，和「一本十支」之學，以及揉合十大論師所造的《唯識三十頌釋論》十種，揉合為一而譯成的《成唯識論》。

　　而國人的著述，則有註釋《成唯識論》的《成唯識論述記》，及註釋《識論》、《述記》的「唯識三疏」——窺基的《成唯識論掌中樞要》、慧沼的《成唯識論了義燈》、智周的《成唯識論演秘》等。面對這一大堆的譯作或著述，使一個初學唯識的人，誠不知有如何下手之感。

　　唯識學是一門「甚深最甚深，微細最微細，難通達極難通達」的學問。唯識學的經論及其疏，名相繁瑣，辭意艱深；可說是「文如鉤鎖，義如連環」；亦可說是「字包千訓，言含萬象」。以現代人的語文訓練，不要說不了解它的意義，甚至於讀不通它的句子。特別是十卷《成唯識論》，它一方面字字珠璣，是發掘唯識妙理的寶藏；但另一方面，它揉集十家理論，破斥多家外道及小乘異說，所以在行文之時，有如枝上岔枝，葉旁長葉，順著枝葉走下去，很難再回到原點。據說清末狀元夏同龢語人，他初讀《成唯識論》，有如月下看花；再讀成《唯識論述記》，直如墜入五里霧中，由此可見唯識學的難讀。

　　筆者十餘年前，有鑑於坊間缺乏唯識學入門的書籍，有志學唯識者無書可供參考，故不揣簡陋，綜合《百法明門論》、《大乘五蘊論》、《唯識三十頌》、《八識規矩頌》等書，以現代的語言文字，提綱挈領的撰寫《唯識學綱要》一書，作為初學唯識者入門的參考。承東大圖書股份有限公司予以出版發行，在坊間已流通十年之久。

　　如今，編輯來電告知，此書將予再版，並已重新排版，希望我再校對一遍。收到新排書稿，細心重校之下，始發現十餘年前撰稿之際，疏漏之處頗多，乃一一予以修正，以求內容完善。

　　或有問曰：唯識學是一種什麼樣的學問？我們學了唯識又有什麼用途呢？梁啟超先生在〈佛教心理學淺測〉一文中說：

　　佛家所說的叫做「法」，倘若有人問我「法」是走什麼？我便一點不遲疑的回答：「就是心理學」。不信，試看小乘俱舍家說的七十五法，大乘瑜伽家說的百法，除卻說明心理現象外，更有何話？

　　誠然如此，大小乘佛教，莫不以探究心識為終極目的，而「唯識學」就是專門探究我人心識的一門學問。唯識學其實就是心理學，可說是最精密的心理學；因為一般的心理學分析心識，只分析到意識的層次，而唯識學分析心識，分析到心之深

處——分析到潛意識的層次，分析我人何以有自私、利己的習性（第七末那識），探索到宇宙人生的本源（第八阿賴耶識）。

　　無可否認的，在現實人生中，我人承受著太多環境上的壓力，和心理上的困惑。由於這些壓力和困惑，使我們生活中充滿了煩惱、痛苦和不安。如何減輕壓力和困惑，消除煩惱和不安，就要由認識我人的心識，和了解我們的環境做起。

　　事實上，我人所感受的壓力和困惑的根源，都是來自我人內心的執著，我們把宇宙間一切生滅變異的現象，都予以實體化和固定化。我們把仗因託緣、生滅無常的事相當作是「實法」，把念念生滅，剎那變化的心識認為是「實我」。把「我」和「法」予以固定化和實體化，結果就成了「我執」和「法執」。以有我執故，使我們貪婪自私，攫取佔有；以有法執故，就有了「名言」與「理念」的執著。我人的一切壓力與困惑，都是由此二種執著而生起。

　　學「唯識學」的目的，就是在於認識我人的心識和環境，了解這兩種執著的生起和作用，進而經由身心上的修習與薰陶，以伏滅執著，消除壓力和困惑，達到精神上的解脫和自在的目的。當然，多生多劫的習氣，絕不是讀了這一冊《唯識學綱要》就可以伏滅或消除，但我們可以由此作一個起步，逐漸修習，逐漸消除，向「覺悟」的目標前進。

　　在我們修習唯識的過程中，當一念貪婪之心生起，一念瞋恚之心生起的時候，我們要反省這是哪一個心王、哪一些心所

發生的作用？光明與黑暗不並存，覺與不覺不並存。當我們一念覺知，則貪婪之心，瞋恚之心也就伏滅與減輕了。當我們執著與困惑逐漸減輕的時候，我們會感到身心的輕安與自在。至於如何輕安？如何自在？那就是：「譬如飲水，冷暖自知」了。

于　淩　波

2004 年 6 月撰於臺中雪廬紀念講堂

唯識學綱要

目　次

第一章　緒　論

一、唯識學的定義

唯識學，是大乘佛教法相宗的宗義。法相宗，是依《解深密經・法相品》所立，以抉擇判斷諸法的體性相狀，故名法相宗。又以此宗闡釋「萬法唯識」的妙理，故又名唯識宗，而研究此萬法唯識的理論學說，一般稱之為唯識學。

識是什麼？識就是我人的內心，即現代所習稱的「心理作用」，唯者簡別之義，簡別識外無法。宇宙萬有，唯識所變——宇宙人生，是我人心識所變；亦即我人的心識，是產生現象世界的本源。認真的說，唯識學，其實就是最精密的心理學。它探討我人深層心理、與內心深處所潛在的利己性之實態，予以注視、省察，以探索我人內心深處的奧秘，由探索內心，認識內心，而尋回真實的自我。

在現代的心理學中，只探討我人的意識活動，而唯識學，卻探索到我人的意識之後潛意識的層面——自我意識的中心末那識，和宇宙人生的本源阿賴耶識。

無可否認的，在現實人生中，我們承受著太多的物理世界的壓力，和心理世界的困惑。如何減輕這種壓力，消除這些困惑，這就要由認識我人的內心開始。由探索內心的體性功用，而及於與心識相對的外境，在澈底的認識自我、認識環境的情

況下，可以減少我人的壓力與困惑，而獲得精神上的解脫與自在。

唯識學告訴我們，在現實人生中，使我人感到困惑與不安的根源，是在於我人的執著。那就是，我人把宇宙與人生之間一切生滅變異的事相，予以實體化和固定化——認定「五蘊假合」的身心為實我，認定一切「名稱言說」是實法，這就成了「我執」與「法執」。以有我執的緣故，就貪婪自私，攫取佔有；以有法執的緣故，就有了名言與理念之爭，由個人的壓力與困惑，到家庭的爭執與煩惱，以至於社會上的糾紛，國際間的戰爭，莫不由此兩種執著所引起。

研究唯識學，目的在探討這兩種執著由何而生，因何而起。如何斷除執著，減輕個人的壓力與困惑，並增進人與人之間的合作與和諧——當然，無始以來，多生多劫的執著習氣，決不是你看了唯識學就可以斷除，就可悟道。而是說，你可以由此做一個起步，逐漸修習，逐漸斷除，而向悟道證果的目標前進。

雖然，在理論上說，由初發心修習唯識，斷除執障，以至於悟道證果，獲得究竟解脫，要三大阿僧祇劫——無限的長時。但在事實上，修習唯識行，修一分有一分的進境，習一分有一分的悟證。它不是三大阿僧祇劫修滿時頓悟頓證，而是在修習的過程中漸悟漸證，悟證些什麼？則「譬如飲水，冷暖自知」。你不可能頓然解脫，但在你習障漸斷，執著漸輕的時候，則壓力與困惑漸少，你會感到內心輕安與自在。

　　佛教的宗旨，就是在解決現實人生間的迷惑與痛苦。這就是經典中常說的：「轉迷成悟，離苦得樂。」但以立論觀點的不同，修持方法的不同，所以其認知與見解也就不同。因此，在同一佛教、同一目的之下，就有了許多不同的派別與理論。而大乘佛教的法相宗——唯識宗，就是以「萬法唯識」的觀點，來說明宇宙人生的真相，並告知我們如何循序漸進，斷除執障，趨向悟道證果的途徑。

二、佛教空有兩系的源流

　　佛教，是兩千五百年前，由印度釋迦牟尼所創立的宗教。此一宗教，在發展演變的過程中，由「小乘」發展為「大乘」；大乘佛教在其理論派別上，則又分為「空宗」與「有宗」兩大系統。

　　印度的佛教，自歷史觀點來看，釋迦牟尼佛住世的時候，可稱之為根本佛教；佛滅後一百年間，五師傳承，法水一味，可稱之為原始佛教，佛滅度一百年後，佛教僧團中發生上座、大眾兩部對立，從這根本對立的兩部中，先後四百年之間，更分出許多的派別來。到佛滅後四百餘年的時候，大眾部本末分為九部，上座部本末分為十一部，這一段時間——佛入滅後一百年至五百年間，稱為小乘部派佛教時代，到了佛入滅的五百年後，則是大乘佛教興起的時代。

　　所謂大小乘的乘，是運載的意思，喻佛法能運載眾生，從

迷的此岸，到達悟的彼岸；從苦的此岸，到達樂的彼岸。至於大小乘，小乘如鹿車羊車，用以自載；大乘如牛車象車，自載兼以載人。

　　小乘佛教這個名稱，並不是早期佛教自稱為小乘，而是大乘佛教興起後，以早期佛教思想保守，墨守舊說，自度自利，不知度人，所加給早期佛教的一種貶抑性的名稱。

　　大小乘佛教的不同，約如下述：

小乘佛教概要：

1. 經論：以四阿含經——《長阿含經》、《中阿含經》、《雜阿含經》、《增一阿含經》，及《阿毘達磨》諸論、《俱舍論》、《成實論》等為主要經論。
2. 修行起因：為自度自利——拔一己之苦，得一己之樂。
3. 修觀：修四念處觀。
4. 修行法門：修四聖諦、十二因緣。
5. 破執：但破我執。
6. 斷障：但斷煩惱障。
7. 明空：但明生空。
8. 證果：證清淨果——證聲聞四果、辟支佛果。

大乘佛教概要：

1. 經論：以《華嚴經》、《方等經》、《般若經》、《法華經》、

《涅槃經》諸經；及《中觀論》、《瑜伽師地論》、《大乘起信論》等經論為主要經典。

2. 修行起因：自度兼以度他，自利兼以利人。

3. 修觀：究竟觀一切法。

4. 修行法門：修六度萬行。

5. 破執：破我執、法執。

6. 斷障：斷煩惱障、所知障。

7. 明空：明生空、法空。

8. 證果：證大覺果──成佛。

印度佛教，在西元第一、二世紀之間，大乘思想興起，大乘經典相繼出現。佛滅後七百年間（約西元第二、三世紀），南印度毘達羅國龍樹論師出世，闡揚大乘佛法。他依《般若經》而造論，所謂《中觀論》、《十二門論》，是宗經論；及《大智度論》是釋經論。龍樹的弟子提婆，造《百論》、《外道小乘四宗論》、《外道小乘涅槃論》等，以發揚龍樹的學統。以後龍樹、提婆一系的學說被稱為「中觀學派」，而《中觀論》、《十二門論》、《百論》也成為此學派所依的論典──中觀學派，就是大乘的空宗。

龍樹論師出世的時代，是外道、小乘競立，鼓吹諸法實有的邪見，強逞固執其偏見的時候。因此，龍樹起而倡導空無相說，摧破邪執，以層層否定的方法，顯示究竟的真理，這即所

謂「遣蕩諸執、破邪顯正」。

　　中觀學派的空宗學說，在西元第三、四世紀間，是印度佛教的主流。但龍樹、提婆的空觀，是以諸法無自性立論，並非徒持空見，妄計一切皆空。惟傳及後世，則流為「惡取空」——學者執一切皆空，於俗諦中，不施設有，於真諦中，真理亦無，此謂惡取空，亦稱沉空。

　　佛滅後九百年頃——西元第四、五世紀間，無著、世親兩大論師出世，繼龍樹、提婆之後，為矯治沉空之弊。資於小乘之有，鑑於小乘之空，及面對大乘之沉空，標示有義。此有，是破人法二執，故不同於小乘之有；遮惡取空見，故矯治大乘之空。由此而大成有宗。

　　無著的學說，是依彌勒菩薩所說的《瑜伽師地論》立論，造《顯揚聖教論》，說瑜伽唯識的教理；造《攝大乘論》，說阿賴耶緣起理論。世親初學小乘，後來捨小入大，從無著學大乘，造《百法明門論》、《大乘五蘊論》，分析世間諸法；造《唯識二十論》、《唯識三十論》，詳說唯識哲理，大成唯識的學理。無著、世親一系的學說，被稱為「瑜伽行學派」。在西元第六、七世紀間，此派學說成為印度佛教的主流。唐朝義淨著《南海寄歸內法傳》，有云：

　　所云大乘，無過二種，一則中觀，二乃瑜伽。

這是印度大小乘佛教及空有二宗演變的概要。

三、印度瑜伽學派的學統

印度的大乘佛教，以「中觀學派」與「瑜伽學派」為二大主流。此又稱為「空宗」與「有宗」，空宗又名法性宗，法性者，即諸法之實體。空宗破一切情見之執著，以顯諸法性體，故稱法性宗；有宗又名法相宗，法相者，諸法之相狀或形相，有宗解析諸法之相狀或其緣生之相，目的亦在於析相以見性，故稱法相宗。

事實上，空、有二宗之淵源，均是來自小乘佛教。小乘佛教部派分裂時代，雖有小乘二十部之說，但概略分之，亦不過為「空」、「有」兩大流派，及其中夾一些空有混合思想的中間派別。以「空」而言，由大眾部分裂出的「一說部」，立一切法無有實體，但有假名之說；「說出世部」則謂世間諸法皆可破壞，而非實有；以「有」而言，由上座部分裂出的「說一切有部」，即以有為無為一切諸法，盡立為實有。然而小乘的說空，是一種遮撥現象界的空。到龍樹、提婆出世，遣蕩諸執，談空究竟，建立了大乘的空宗；小乘的說有，立諸法為實有，是一種不離妄執的有。到無著、世親出世，力矯沉空，倡標有義，而此有是離諸妄執，妙契中道的有——即所謂非有非空，真空妙有。以此建立了大乘的有宗。

佛滅後九百年間，西元第四世紀後半，無著論師出生於北

印度的健陀羅國布路沙城——又名富婁沙富羅城，亦名丈夫城。他出身於婆羅門家庭。無著長成後，捨棄了婆羅門教，於佛教的「化地部」出家，修學小乘。後來讀誦大乘經典，受到大乘思想的影響，遂轉修大乘。傳說在兜率天宮的彌勒菩薩，曾降臨到中印度阿瑜陀國的踰遮那講堂，為無著說五部大論——《瑜伽師地論》、《大乘莊嚴經論》、《辯中邊論》、《金剛般若論》、《分別瑜伽論》，這五部論著，是法相宗立論的基礎。其中尤以《瑜伽師地論》為此派學說的主依，亦為後來被稱為瑜伽行學派的由來。

事實上，彌勒菩薩在歷史上並無其人，《瑜伽師地論》等五論，可能是無著所造，託以彌勒菩薩之名，以示矜重。後來無著又著作了《顯揚聖教論》、《攝大乘論》、《大乘阿毘達磨集論》、《順中論》等，演說瑜伽唯識的教理，及阿賴耶緣起的理論，蘊、處、界諸法差別的理論。

無著的異母弟世親，出世晚於無著約二十年，約在西元第五世紀初年出世，初在小乘說一切有部出家，他聰穎過人，遍通經論。他欲取捨有部的教理，曾匿名變裝，到有部的淵藪迦濕彌羅城，精研有部教理四年。後來回到布路沙城，用經量部教義及自己的見解，批判有部，著《阿毘達磨俱舍論》。此論一出，頗有爭議，而無能破斥者，時人稱此論為「聰明論」。

世親在北印度宣揚小乘，隱蔽大乘，無著憫之，託以疾病，誘其來見，為之具說大乘要義。世親聞兄之教誨，於是捨小入

大，廣造論釋，宣揚大乘。至有「千部論主」之稱。其中以《唯識二十論》、《唯識三十頌》，說明唯識的哲理；《大乘五蘊論》、《百法明門論》，說明諸法的名相；《佛性論》闡明一切眾生悉有佛性，兼以批判小乘諸部，以此而大成唯識之學。

　　無著、世親的學說，風靡了當時印度的佛教界，成為佛學思想的主流。此後二百年間，唯識學者輩出，就中以「十大論師」尤為知名。這十大論師是護法、德慧、安慧、親勝、難陀、淨月、火辯、勝友、最勝子和智月。這其中，大成無著、世親唯識哲學的是護法論師。

　　護法約是西元第六世紀的人，出生於南印度的達羅毘茶國建志城，他以中印度摩竭陀國的那爛陀寺為中心，闡揚世親的學說，降伏外道，摧破小乘，使唯識之說大放光彩。他的著作頗多，現存的有《唯識三十頌釋論》、《成唯識寶生論》、《觀所緣緣論釋》等。《觀所緣緣論釋》，是解釋陳那所著的《觀所緣緣論》。

　　陳那是西元第五、六世紀間的人，他出生於南印度的案達羅國，作《因明正理門論》，是新因明學之祖。他的著作現存的，有《因明正理門論》、《觀所緣緣論》。

　　護法的弟子戒賢，於西元第七世紀，在那爛陀寺宣揚護法的正義，又立教判，和中觀學派的論師論戰。我國唐代的玄奘大師，於西行求法期間，曾在那爛陀寺從戒賢論師受學五年，受《瑜伽師地論》及《十支論》之奧義，返國後開創了中土的

法相唯識一宗。

　　印度的瑜伽行學派，自世親入寂後，在諸大論師之間亦產生種種異說。如「種子」的起因，護月等主張為本有，難陀等主張為新熏。護法統一兩說，認為種子有本有與新熏兩類；再如諸識對境的認識作用，即「四分」說，安慧立自證一分說，親勝、難陀、德慧、淨月等立相、見二分說，火辯、陳那等立相、見、自證三分說。護法把諸說統一，立相、見、自證、證自證四分說，關於這些名相，後文再詳為詮釋。

　　唯識哲學的哲理，概要言之，有下列數點：

（一）萬法唯識論：

　　所謂識，是心的別名。識有八種，曰眼識、耳識、鼻識、舌識、身識、意識、末那識、阿賴耶識，而以阿賴耶識是宇宙萬法的本源。

（二）阿賴耶緣起：

　　阿賴耶識是宇宙萬法的根本，此識攝持一切諸法底種子，此能生宇宙萬法的種子，就是心識的一切功能。心識觸對外境，種子起現行，外境的形相反映入心識，就是四分中的相分；心識對外境的認知作用，就是四分中的見分。心識證知認識的有無錯誤，是自證分，心識再度證知，是證自證分。宇宙萬有，皆阿賴耶識的種子所變現，就是阿賴耶緣起。

（三）三性說：

宇宙萬有的實相，唯識學立有三性之說：即一、遍計所執性，二、依他起性，三、圓成實性。同時並立三無性說：即一、相無性，二、生無性，三、勝義無性。此三性、三無性，留待後文詮釋。

（四）宇宙萬有的分類：

唯識學立有「五位百法」。五位是一、心法，二、心所法，三、色法，四、心不相應行法，五、無為法。這五位統攝百法，留待後文詮釋。

（五）菩提與涅槃：

依唯識學五重唯識的觀法，由淺入深，五重漸修，斷除惑障煩惱，轉識成智，就證得菩提。斷盡煩惑，真如顯露，也就是涅槃。

四、中國法相唯識宗的建立

繼承印度瑜伽行學派學統，在中國建立大乘有宗——法相宗、唯識宗的，是唐代的玄奘三藏，和他的弟子大慈恩寺的窺基大師。

玄奘三藏，河南偃師人，俗姓陳名禕，有兄長捷先出家於洛陽淨土寺。故奘師亦於十三歲入淨土寺出家。他初就慧景聽

《涅槃經》，繼從嚴法師受《攝大乘論》。唐高祖武德元年，與兄共入長安，尋赴成都，就道基、寶遷二師，學攝論、毘曇；就震法師聽講《發智論》。前後五年，受具足戒。既而往荊州講攝論、毘曇。往相州謁慧休，往趙州就道深受《成實論》。尋重入長安，就道岳學《俱舍論》。

時有法常、僧辯二大德，在長安講《攝大乘論》，名冠上京，師又往聽之，然以諸師所講，各異宗途，聖典亦有隱晦。師無所適從，乃欲西行入天竺以明之。表請不許，師不為屈，乃於太宗貞觀三年，孤身西行，途中備嘗艱苦，經西域諸國，於貞觀七年始抵達印度。

師在印度，除各地禮拜聖蹟外，曾至迦濕彌羅國，就僧稱法學《俱舍論》、《阿毘達磨順正理論》，及因明聲明之學。至磔迦國，從長年婆羅門受《百論》，至那僕提國，就毘膩多鉢臘婆學《對法論》、《顯宗論》。至闍爛達羅國，從旃達摩羅伐摩受《眾事分毘婆沙》。至祿底補羅國，就蜜多斯那學《辯真論》、《隨發智論》，先後歷經數十國，從眾師學。並入那爛陀寺，禮戒賢論師為師，學《瑜伽師地論》及《十支論》五年，再至杖林山勝軍論師所，學《唯識決擇論》、《莊嚴經論》等論。

師留印十餘年，於貞觀十九年歸國至京師，以所獲梵本六百五十七部獻之於朝，太宗皇帝優禮有加，使於弘福寺傳譯。高宗永徽三年請於朝，於慈恩寺建塔，並於寺中開譯場。高宗顯慶四年，帝以玉華宮為寺，使師居之。

　　師歸國後二十年中，先後譯出經論七十五部，一千三百三十五卷，於高宗麟德元年二月入寂，壽六十五。

　　在中國佛教史上，譯經界有兩位大師，前為鳩摩羅什，後為玄奘三藏。言舊譯者，必稱羅什；言新譯者，必推玄奘。印度大乘佛教，無過空、有二宗。空宗即中觀學派，有宗即瑜伽行學派。而羅什所傳譯弘揚者，中觀法門；奘師所傳譯弘揚者，瑜伽法門也！

　　奘師所譯法相唯識一系的經論，略舉其重要者如下：

1. 《解深密經》：五卷
2. 《瑜伽師地論》：一百卷
3. 《瑜伽師地論釋》：一卷
4. 《攝大乘論》：三卷
5. 《顯揚聖教論》：二十卷
6. 《辯中邊論》：三卷
7. 《大乘五蘊論》：一卷
8. 《大乘百法明門論》：一卷
9. 《觀所緣緣論》：一卷
10. 《唯識三十頌》：一卷
11. 《唯識二十論》：一卷
12. 《成唯識論》：十卷

此外,奘師亦廣譯小乘說一切有部、阿毘達磨一系的論典,如《異門足論》、《法蘊足論》、《識身足論》、《界身足論》、《品類足論》、《發智論》、《大毘婆沙論》、《俱舍論》等。

以上所譯的經論中,特別值得一述的是《成唯識論》,印度開創唯識一系的世親論師,依《瑜伽師地論》,提綱挈領,造《唯識三十頌》,顯揚唯識中道之正理。後來護法等十大論師,依六經十一論,廣釋《唯識三十頌》,成立了世親一系的唯識學說。玄奘由印度歸國後,原要把十大論師的釋論一一譯出,後來以弟子窺基之請,以護法的釋論為主體,糅合十家之說,綜合而成《成唯識論》。故此論雖為傳譯,不啻新造。

奘師廣譯法相唯識的經論,為此宗奠下基礎,而大成此宗的,則是奘師門下弟子窺基。

窺基,祖先是中亞細亞人,生於京兆長安,俗姓尉遲氏,字道洪,唐太宗貞觀六年生,奘師歸國後四年,窺基十七歲從奘師出家,學五天竺語言,識解大進。二十五歲預奘師譯場,二十八歲參譯《成唯識論》,並作《成唯識論述記》六十卷。後又作《成唯識論掌中樞要》四卷,為述記之補遺。此外又著有《瑜伽論略纂》、《雜集論述記》、《大乘法苑義林章》、《法華經玄贊》等十數部,時有「百本疏主」之稱。窺基圓寂於唐高宗永淳元年,壽五十一。窺基大成法相宗,以其居慈恩寺譯經,故世稱慈恩大師,法相宗亦稱曰慈恩宗。

玄奘盛弘法相唯識玄旨,門下受教者頗多,就中以昉、尚、

基、光四人為著，有奘師門下四哲之稱。

　　神昉，新羅人，遍通大小乘經論，有大乘昉之稱。他嘗列奘師譯場，著有《成唯識論要集》、《地藏十輪經疏》、《種性差別章》等，今皆失傳。嘉尚，在奘師門下深得《瑜伽師地論》、《佛地論》、《成唯識論》之義旨，奘師譯《大般若經》時，嘉尚充證義綴文。並於武則天朝，與薄塵、靈辯等，參預日照的譯場充證義。普光，又稱大乘光，他師事玄奘，精苦恪勤，侍玄奘直至終老。玄奘所譯經論，多半為普光充筆受。普光著有《大乘百法明門疏》、《俱舍論法源章》、《俱舍論記》等，《俱舍論記》與法寶、神泰二人之《俱舍論疏》，合稱俱舍三大疏。

　　奘師門下通法相唯識義趣的，除昉、尚、基、光外，尚有圓測、道證、勝莊、太賢等，也各有所成。惟宗述玄奘思想，與窺基述作有所出入，故通常不列入慈恩宗一系嫡傳之內。

　　窺基慈恩宗的一系，由慧沼繼承法脈。慧沼曾親炙過玄奘的講席，後來就學於窺基，並弘宣師說。他著有《成唯識論了義燈》、《因明纂要》、《金剛般若經疏》等，在《成唯識論了義燈》中，破遣圓測、道證等的異義。

　　慧沼的弟子智周，著有《成唯識論演秘》、《因明疏前記》及《後記》、《大乘入道次第章》等多種。《成唯識論演秘》，與窺基的《成唯識論掌中樞要》、慧沼的《成唯識了義燈》，合稱為唯識三疏，為研究《成唯識論述記》必讀之書。智周有弟子如理，又作《成唯識論疏義演》、《成唯識論演秘釋》，內容則流

於瑣細。智周有日本弟子智風、智鸞、智雄、玄昉等，後來此宗遂傳到了日本。

此宗初起時，宗風頗盛，後來禪及華嚴諸宗興起，此宗自智周、如理之後後繼無人，宗風就逐漸衰微下去。到武宗法難興起，此宗一脈相傳的論疏多被焚燬，因之以後數百年間，乏人研究。明代末年，有明昱、智旭諸大師曾從事研究，亦有著述，唯無甚影響。

遜清末年，楊文會居士創設金陵刻經處，在日本搜集得此宗的論疏，由刻經處刊行流通，以後學者始得窺見玄奘以次諸師之本旨，唯識之學亦由此而重為學者所重視。1911 年楊文會逝世，其門人歐陽竟無遵師遺囑，續辦刻經處，校刻佛教經典。1922 年與章太炎、陳三立等於南京成立支那內學院，專研法相唯識，不涉他宗。於玄奘以來此宗之學說，整理流通，不遺餘力，是以近代研究唯識者日漸增多，而韓清淨在北京成立三時學會，亦以研究唯識為主旨。其門下朱芾煌、周叔迦等，亦各有著述。

曾在支那內學院從竟無學法相唯識之學者，如呂澂、湯用彤、梁漱溟、姚柏年、黃樹因、王恩洋、熊十力、黃懺華等，皆一時俊彥，對於法相唯識學之弘揚，各有影響。

五、近代唯識學的發展

法相一宗，極盛於唐代。自玄奘三藏自五天竺返回中土，

廣譯瑜伽法相一系經論，窺基繼述，成立慈恩一宗，宗風甚盛。一百數十年後，唐武宗會昌二年 (842)，武宗滅佛，史稱「會昌法難」。整個佛教都受到嚴重的打擊，繼之唐代末年，五代十國，王朝交迭，五十餘年，戰亂頻仍，以致佛寺荒廢，經籍散逸。隋唐三百年間鼎盛之佛教，至此零落殆盡。大小各宗，莫不衰微。繼之後周武宗顯德二年，詔禁私度僧尼，敕廢天下無敕額之寺院，尋又詔毀銅像，收鐘磬鈸鐸之類鑄錢，即史稱之「一宗之厄」。至是六朝隋唐以來，諸宗高德之章疏，散佚湮沒無遺，尤以法相唯識一宗，殆成絕響。

宋代佛教，禪淨二宗獨盛，天台宗盛於江南，與吳越王錢鏐父子崇佛有關，元代崇奉喇嘛教，佛教不絕如縷。資料中有泰州景福寺英辯、金陵天禧寺志德、鎮江普照寺普喜等傳持慈恩宗，但未見有闡揚此宗學風的活動。

明代萬曆年間，有西蜀沙門明昱，及智旭大師蕅益，先後作《相宗八要解》，及注解《百法明門論》、《唯識三十頌》等，惟會昌法難以後，歷唐末五代之亂，宋末元人入主中國，千年以來，唐代相宗諸師章疏，早罹兵燹，義訣久沉，祖述無自，所以這些著述也就沒有發生什麼影響。

清季同光年間，石埭楊仁山文會出，創辦「金陵刻經處」，種下法相唯識學復興的契機。

楊文會，字仁山，安徽石埭人，生於道光十七年丁酉 (1837)。父樸庵公，道光十八年戊戌進士，與曾文正公國藩同

年，是故及長曾入曾國藩幕督辦軍糧。二十六歲時，因讀《大乘起信論》而信佛，惟是時適當洪楊亂後，江南文物蕩然無存。尤其太平軍所過之處，焚燒廟宇，燬棄經像，以致當時有欲覓佛經而不可得之苦。文會發願流通佛經，利濟眾生，因之有「金陵刻經處」之創設。

光緒四年，文會以參贊名義隨曾紀澤出使歐洲，在英倫得識日本真宗僧人南條文雄，自南條處獲悉中國唐以後散佚之經典，為日本所保存者不少，因即發願使之復返中國，南條亦願協助搜集。文會、南條相交垂三十年，南條在日本為文會搜集得散逸經典凡二百八十三種，其中有一部分是法相唯識宗的章疏，例如窺基大師所撰的六十卷《成唯識論述記》，就是由日本找回來的，楊文會〈成唯識論述記敍〉中稱：

> ……有窺基法師者，奘公之高弟也！親承師命，翻譯《成唯識論》，會萃十家而成一部；並以聞於師者，著為《述記》，學相宗者，奉為準繩。迨元季而失傳，五百年來，無人得見，好學之士，每以為憾。近年四海交通，得與日本博士南條上人遊，上人以此書贈予……以是見唯識一宗，流傳於世，非偶然也……。

文會門下弟子中，濟濟多士，歐陽竟無撰〈楊仁山居士

傳〉，有謂：

> 惟居士之規模弘廣，故門下多材，譚嗣同善華嚴，
> 桂伯華善密宗，黎端甫善三論，而唯識法相之學有
> 章太炎、孫少侯、梅頡雲、李證剛、蒯若木、歐陽
> 漸，亦云夥矣。

　　而事實上，入民國後，大闡唯識之學的，是歐陽竟無自己。
　　歐陽竟無，名漸，以字行，江西宜黃人，生於清同治十年
(1871)，以優貢出身任廣昌縣教諭，受同鄉桂伯華之影響，從
楊仁山學佛，宣統三年，楊仁山病逝，竟無承師遺命，主持金
陵刻經處，創設「支那內學院」，附設法相大學特科，專研法相
唯識，不涉他宗。門下弟子皆一時之選，故世有宜黃大師之稱。
竟無天資絕高，慧解超人，讀書一目十行下。內學院藏書萬卷，
多經他親手校勘。他不唯精研法相唯識，且窮諸般若涅槃。他
在唯識學上的成就，是唐以來第一人，他在唯識學上的代表著
作，是《唯識抉擇談》。
　　竟無門下，名流學者輩出，而在唯識學上最有成就者，首
推南充王恩洋。民國十年至十五、六年間，歐陽竟無主持的南
京支那內學院，和太虛大師主持的武昌佛學院，因對法義見解
之不同，引發了一場「唯識學論戰」，王恩洋是其中的主要人
物。恩洋在唯識學方面的著作，有《唯識通論》、《八識規矩頌

釋》、《二十唯識論疏》等。

梅頡雲名光羲，以字行，江西南昌人，舉人出身，以道員在武昌候補，助湖廣總督張之洞推行新政，任武備學堂監督，復到日本留學，畢業於陸軍振武學堂及早稻田大學，是文武全才。入民國後在法界任職。他早年是楊仁山的弟子，研究唯識，卓然成家。民國二十年，以〈相宗新舊兩譯不同論〉一篇論文，轟動佛學界。他在唯識學上的著作是：《相宗綱要》、《大乘相宗十勝論》、《相宗史傳略錄》、《因明入正理論節錄集註》、《法苑義林章唯識章註》等。

民國初年，最早在北方講唯識的，是四川廣漢人張克誠。他曾在軍政方面任過要職，以讀《楞嚴經》有所感悟，乃棄官到北京，在廣濟寺參學，他是最早在北京大學和中國大學講唯識的人，他著有《成唯識論提要》、《百法明門論淺說》、《八識規矩頌淺說》等。

北方著名的唯識學大師，首推韓清淨，他是河北河間人，舉人出身，不樂仕進，一生研究唯識。1925 年，日本召開亞洲佛教大會，清淨在會上宣讀論文《十義量》，博得與會者的贊許。民國十七年，他與朱芾煌、徐森立、韓哲武、饒風璜等，在北京組織「三時學會」，以研究法相唯識為宗旨，和歐陽竟無的支那內學院南北對峙，同為研究唯識學的團體，時人譽之為「南歐北韓」。他著有《唯識三十論略釋》、《成唯識論講義》、《唯識指掌》、《十義量》。而他的嘔心之作，是百餘萬言的《瑜

伽師地論料句披尋記》，在他病逝十年之後，始由北京三時學
會，於 1959 年打字影印百部，供研究者參考。

三時學會的主要成員朱芾煌，四川江津人，他窮數年之力，
編纂出了一部洋洋三百萬言的《法相辭典》，民國二十八年由商
務印書館出版，這是國內唯一的一部相宗辭典。

民國二十年前後，在北大任教的周叔迦，亦為三時學會會
員，著有《唯識研究》一書。民國二十四年，山西趙城縣廣勝
寺發現金代藏經，叔迦與葉恭綽等發起，將金藏中有關法相典
籍六十四種，交由三時學會印行，命名曰《宋藏遺珍》。

湖南人唐大圓，民國十年後追隨太虛大師，曾主編《海潮
音》，授課於武昌佛學院，多年闡揚唯識，著有《唯識研究述
要》、《唯識方便談》、《唯識三字經》、《唯識的科學方法》等。

黃岡熊十力，曾從歐陽竟無學唯識，後在北京大學任教，
著《新唯識論》。以儒家立場，援佛入儒，而歸之於大易，曾引
發一場「唯識論戰」，因之他的《新唯釋論》不算是佛學中的唯
識著作。

臺灣緇素兩眾，研究唯識者亦蔚為風氣。早年慈航法師闡
揚唯識，著有《相宗十講》。印順導師著有《唯識學探源》，演
培法師著有《八識規矩頌講記》、《成唯識論講記》，方倫居士著
有《唯識三頌講記》，楊白衣居士著有《唯識要義》等，其他方
家尚多，恕不一一列舉。

唯識學科條嚴密，系統分明，切近科學，故近代研究者日

多，遂使千年絕學，重能發展於現代也。

六、唯識哲學所依的經論

法相唯識宗所依的經論，有所謂六經十一論。六經中，以《解深密經》為本經，十一論中，以《瑜伽師地論》為本論。現列舉如下，茲先述六經：

1. 《大方廣佛華嚴經》：有三種譯本，東晉佛陀跋陀羅譯六十卷《華嚴》，唐般若譯四十卷《華嚴》，唐實叉難陀譯八十卷《華嚴》。四十《華嚴》，僅譯了該經的〈入法界品〉。

2. 《解深密經》：唐玄奘三藏譯，計五卷。另有三種異譯本：一為南北朝劉宋時代求那跋陀羅譯，名《相續解脫經》；一為北魏時菩提流支譯，名《深密解脫經》；一為南陳時真諦三藏譯，名《佛說解節經》。

3. 《如來出現功德莊嚴經》：此經未傳中土。

4. 《阿毘達磨經》：此經未傳中土。

5. 《入楞伽經》：有三種譯本，一為劉宋求那跋陀羅譯，名《楞伽阿跋多羅寶經》，共四卷；一為北魏菩提流支譯，名《入楞伽經》，計十卷；一為唐實叉難陀譯，名《大乘入楞伽經》，計七卷。

6. 《厚嚴經》：此經未傳中土。

以上為六經，茲再述十一論：

1. 《瑜伽師地論》：一百卷，彌勒菩薩說，唐玄奘三藏譯。
2. 《顯揚聖教論》：二十卷，無著論師造，唐玄奘三藏譯。
3. 《大乘莊嚴論》：十三卷，本頌為彌勒菩薩說，釋論為世親論師造，波羅頗密多羅譯。
4. 《集量論》：四卷，陳那論師造，陳真諦三藏譯。
5. 《攝大乘論》：三卷，無著論師造，唐玄奘三藏譯。另有北魏佛陀扇多及陳真諦三藏兩種異譯本。
6. 《十地經論》：十二卷，世親論師造，菩提流支譯。
7. 《分別瑜伽論》：彌勒菩薩說，此論未傳中土。
8. 《觀所緣緣論》：一卷，陳那論師造，唐玄奘三藏譯。
9. 《二十唯識論》：一卷，世親論師造，唐玄奘三藏譯。另有兩種異譯本，一為菩提流支譯，名《大乘楞伽唯識論》，一卷。一為真諦三藏譯，名《大乘唯識論》一卷。
10. 《辯中邊論》：三卷，彌勒菩薩說本頌，世親論師造釋論，唐玄奘三藏譯。另有真諦三藏的異譯本，名《中邊分別論》，二卷。
11. 《阿毘達磨雜集論》：十六卷，無著論師造本論，師子覺論師造釋論，安慧論師造雜論，唐玄奘三藏譯。

以上六經十一論中，以《解深密經》和《瑜伽師地論》二

者，為本宗正依的經論；此外，有所謂「一本十支」之學，尤為研究唯識者不可不讀之典籍。所謂一本，即《瑜伽師地論》，以《瑜伽師地論》為本論，對闡釋本論的百法、五蘊等為支論，故稱一本十支。茲列舉十支如下：

1. 《百法明門論》：世親論師造。此論略錄《瑜伽師地論》本地分中名數，而以一切法無我為宗。

2. 《大乘五蘊論》：世親論師造。此論略攝「本論」本地分中境事，而以無我唯法為宗。

3. 《顯揚聖教論》：無著論師造。此論綜合「本論」十七地要義，而以明教為宗。

4. 《攝大乘論》：無著論師造。此論總括瑜伽深密法門，詮釋阿毘達磨攝大乘一品宗要，而以簡小入地為宗。

5. 《阿毘達磨雜集論》：無著論師等造。此論總括《瑜伽師地論》一切法門，集《阿毘達磨論》一切宗要，而以蘊、處、界三科為宗。

6. 《辯中邊論》：彌勒菩薩說本頌，世親論師造釋論。此論敘七品，以成瑜伽法相，而以中道為宗。

7. 《唯識二十論》：此論釋七難以成瑜伽唯識，而以唯識無境為宗。

8. 《唯識三十頌》：世親論師造。此論廣詮瑜伽境體，而以識外別無實有為宗。

9. 《大乘莊嚴經論》：彌勒菩薩說本頌，世親論師造釋論。
　　此論總括瑜伽菩薩一地法門，而以莊嚴大乘為宗。

10. 《分別瑜伽論》：彌勒菩薩說，此論未傳入中土。

　　除上列譯述外，我國唐代的幾部關於唯識的釋論，亦為研究唯識學的重要參考：

1. 《成唯識論》：世親論師，依《瑜伽師地論》，提綱挈領，造《唯識三十頌》，顯揚唯識中道之正理。以後護法等十大論師，依六經十一論，廣釋《唯識三十頌》頌文，因而成立世親一系唯識學之要義。唐玄奘大師西行求法時，在那爛陀寺從戒賢論師受學，學《瑜伽師地論》及《十支論》五年，回國後廣譯經論，初欲別翻十大論師之釋論，嗣以門下弟子窺基之請，以護法之釋論為本，參糅其他九師之論於其中，成《成唯識論》十卷。此論雖為翻譯，不啻新造，為唯識一宗之要典。

2. 《成唯識論述記》：六十卷，唐窺基撰。

3. 《成唯識論掌中樞要》：四卷，唐窺基撰，為述記之補遺。

4. 《成唯識了義燈》：十三卷，唐慧沼述。

5. 《成唯識論演秘》：十四卷，唐智周撰。

第二章　五位百法

一、《百法明門論》

研究唯識，首先要明了百法。百法是萬有的分類，是把萬法約之為百種，復束之以五位。這是印度世親論師的歸納分類法。

早在世親之前，《瑜伽師地論》將萬法歸之為六百六十法。世親早年造《俱舍論》，將六百六十法略之為七十五法。與世親同一時代的訶梨跋摩造《成實論》，將萬法歸納為八十四法。及至世親「由小入大」，從其兄無著改學大乘，承無著法相之學，造《百法明門論》，約萬法為百法，復束之以五位，名之曰「五位百法」。這《百法明門論》，就成為唯識學入門的基本智識。

唯識學所宗，有所謂一本十支之學，而《百法明門論》就是十支中的「略陳名數」支。此論全文五百餘字，而將宇宙萬法概括淨盡；除此以外，並破遣我法二執，發明「非空非有」的唯識妙義，使眾生遠離斷常、空有二邊的執著，而處於中道，可說是一部「辭約理著、言簡義豐」的論著。

不過，全文由於過分簡略，必須加以詳細的詮解才能使初讀此論者獲一概念，故現在將「百法」的法字先作一說明：

佛經中的法字，梵語 dharma，音譯「達磨」，有狹義和廣義兩種解釋。自狹義方面說，法是「軌持」，《成唯識論》稱：

「法謂軌持，軌謂軌範，可生物解；持謂任持，不捨自相。」
我們世俗社會，也把法認作是規律或法則。規與軌意義相通，
規律也就是軌律。

　　但自廣義方面來說，法是通於一切的意思。舉凡世間一
切──大的、小的，有形的、無形的，真實的、虛妄的，事物
其物的、道理其物的，皆可謂之法。通俗一點說，廣義的法字，
約相當於中文的「物」字，在中國語文中，一切物質現象通稱
曰物，一切事情也稱物，甚至於，心中想像的意境也稱物。如
文字中常用的「物事」或「事物」。

　　不但宇宙間的物質現象稱物，精神現象稱物，以至於「形
而上」的「道」亦可稱物。如老子《道德經》：「道之為物。」
因此，廣義的法字，包括了宇宙間物質的、精神的、有形的、
無形的、林林總總的一切。這一切，在佛典上就叫做「宇宙萬
法」。將「萬法」約之為「百法」，更束之以「五位」，這就是
「五位百法」，其內容如下表：

$$
五位百法
\begin{cases}
心法：八種 \\
心所有法：五十一種 \\
色法：十一種 \\
心不相應行法：二十四種 \\
無為法：六種
\end{cases}
$$

　　五位百法，如上表所示，茲更分述五位的意義：

（一）心法：

心法有八，又名「八識心王」。事實上，心與識，同體而異名。心即是識，亦名為意。心為集起之義，意為思量之義，識為了別之義。在唯識學上，這三個名稱可以互相通用。但認真的說，這三個名稱分配於「八識」上，第八識名心，第七識名意，前六識名識。《六波羅密經》十云：「集起說為心，思量性名意，了別義為識，是故說唯心。」

心為作用的主體、萬法的根本，其下有「心所」與之相應，故稱心王。其數有八，第一眼識，第二耳識，第三鼻識，第四舌識，第五身識，第六意識，第七末那識，第八阿賴耶識。

一切法中，心識的作用最強，以心識為主，故百法中首說心法。

（二）心所有法：

心所有法，又名心相應行，它是「心王」所有之法，名心所有。它與心王相應俱起，名心相應行，是恆常依心而起，與心相應繫屬於心之心作用。心所與心王相應俱起，有下列三項義界：

1. 恆依心起：心生起時，心所隨之而生。心若無時，心所不生，它是依心的作用，方得生起。

2. 與心相應：依心生起，又與心協合如一，名為相應。「相

應」又有五義：

(1)所依同：與心同依一根，方能相應，如眼識心所與眼
　　識心王，俱同依一眼根而起。耳鼻舌身，亦準此義。

(2)所緣同：心王與心所，要俱緣同一境，心所才隨心王
　　生起。

(3)行相相似：「相」實各別，但以「相似」故，心所始與
　　心王相應生起，如眼識之心王與心所緣青色時，則眼
　　識「相分」種子即各別變作青的相分。

(4)時同：心王與心所同時相應生起，無有先後。

(5)事等：「事」在此處是「體」的意思，即一類相應的心
　　王心所中，如心之自體是一，則心所亦是一。事實上，
　　亦絕無一法於同一時有二個心王、心所併起的。

3. 繫屬於心：以心王為主，心所繫屬於心王，以心王有自
　　在力，為心所之所依故。

　　心所法有五十一種，又分為遍行、別境、善、煩惱、隨煩
惱、不定等六類，於後文詳述。

（三）色法：

　　色法之色，就是五蘊中的色蘊。此色非指青黃赤白之色。
在佛典中，一切有形有象之物質，總名曰色。色有變壞、質礙、
示現等義。山河大地、房舍器物，以至有情的色身——眼耳鼻

舌身五根，及五識所觸對的色聲香味觸五境，以至於第六識所緣之境——法處所攝色，均在色法的範圍以內。

　　唯識學立論，萬法皆識所變，色法即為心王及心所所變現的影相。色是識之所變，留待後文詳述。

（四）心不相應行法：

　　心不相應行法是略稱，具足應說是與心、心所、色法不相應行法。心、心所及色法三者，均以心為主，而此法不以心為主，故稱心不相應行法。不相應行的行字，是生滅無常的意思，因為此法中的「得」等二十四法，既不像心法、心所法有緣慮作用，也不像色法有質礙作用，更不同於無生滅的無為法，它與五位中的其他四法全不相似，故稱這種生滅無常的法曰「不相應行」法。

　　再者，心不相應行的「行」字，又指行蘊來說，行蘊有二種，一是相應行，即是心所法；二是不相應行，即是「得」等二十四法，此二者，均包括在五蘊的行蘊中。

（五）無為法：

　　無為法，是與有為法相對而言，為者造作之義，宇宙間的事事物物，凡是由因緣和合造作而生的事物，有生住異滅的變化，都叫做有為法。如色法——一切物質的現象；心法——一切了別作用及意識所想像的意境。而無為法，則是一切現象的

本體，宇宙萬有的實性。實體不待因緣造作而有，亦無生住異滅四相，事實上就是真如。真如者：真者真實，如者如常。萬法的實體，有真實如常之相，故名真如。

　　然而真如是諸法的真理，唯聖者所知。所謂六種無為，只是方便為諸眾生講解，而假施設的名字。實則真如無為，不是言詮所及，情識所測的。

二、心　法

　　在唯識學上，唯識二字，是「一切法不離識」的意思，故說識為「唯」——唯有多義，而在此是「顯勝義」，做獨字講。

　　識是什麼？其實識就是「心」的異名，以了別為義。心對於境而了別，名之為「識」。《大乘止觀》二曰：「對境覺智，異乎木石名為心。次心籌量，名為意，了了別知名為識。」《阿毘達磨順正理論》卷十一曰：「心、意、識，體雖是一，而訓詞等義類有異，謂集起故名心，思量故名意，了別故名識。」

　　在唯識學上，捨心不談而說識，佛法上謂之方便。事實上，識即是心，心即是識。心、意、識三者，同體而異名，指的是一種東西。在小乘佛教時代，經論上雖未建立第七、第八兩識的名稱，但文字中已有七、八兩識的涵義。如《順理正論》本是小乘佛教的論典，但前文所稱「集起故名心」，這集起之心即相當於第八識。「思量故名意」，這思量之意即相當於第七識。而「了別故名識」，這了別之識即是前六識。

　　在宇宙萬法中，心識的作用最殊勝，故五位百法，首述心法，以心法為作用的主體，萬法的根本，故心識又稱心王，心法又稱心王法。在心王法中，其數有八，叫做「八識」。即一者眼識，二者耳識，三者鼻識，四者舌識，五者身識，六者意識，七者末那識，八者阿賴耶識。此八識，又稱作八識心王。

　　何以一心而有八識？原來我人通常執著於實法實我——把宇宙間的一切皆視為實體，而「我」自然也是實體之一。因此說到「心」時，也隱然有如一個整體的東西存在。唯識家為對治此等觀念，乃以分析的方法，分析此心識為八。如此，心識不是一個整體的東西，以此來破遣我人「實我」的執著。再者，心法「冥漠難彰」，心識是最不易了解的東西。八識，也就是把人類冥漠難彰的心識，從表層往深處探究，一層層的探索，所探索出的八個層次。

　　於心識的探索上，在主體的一側有八個層次，在作用的一側還有五十一種的「心所有法」——心所。心所是從屬於心王的作用。當然，心王和心所，並不是在一個實體上截然劃分，只不過是一種「名言施設」，以此來建立我人的分析概念而已。

　　心識主體的八個層次上，上面的五個層次——即名為眼耳鼻舌身的前五識，只有了知外境的作用，並且這五種作用，只能了知自己界限以內的東西，不能代替別種識發生作用。例如眼只能緣色，不能越色而能聽；耳只能緣聲，不能越聲而能嗅；推之鼻、舌、身三識皆然。以這前五識，是以眼、耳、鼻、舌、

身五根為所依，而以色、聲、香、味、觸五境為所緣。這是人體的五種感覺器官，這五識任何一識發生作用，都要意識與之同時俱起，由意識來幫助這前五識發生了別——了解與分別的作用。

心識的第六層次是意識，這才是我人心理活動的中心，它不但隨時與前五識同時俱起，發生其了解與分別的作用，並且在前五識休息的時候，它也片刻不閒的，獨自在思索、回憶、想像，甚至於在睡覺的時候它也發生作用。多數人在睡覺的時候都作夢，夢中有悲歡離合，喜怒哀樂，這全是意識的作用。它與前五識共同發生作用時，叫做「五俱意識」，它單獨發生作用的時候，叫做「獨頭意識」。

意識，是以第七識末那識為所依，以法境——以一切諸法為所緣。並且它能緣過去的、未來的、現在的一切諸法，可見它作用範圍之大。

心識的第七層次是末那識，這是自我意識的中心，我人一切的自私自利的思想，與貪婪、倨傲、固執己見等惡習，全是由末那識發起的，它是以第八識為所依，且始終緣定第八識的「見分」為自我，這就是它自私的原因。

最深一層的心識，是第八層的阿賴耶識，這是宇宙人生的本源，是最難了解的一部分，留待後面專文詮釋。

這八層心識的作用，如下表所示：

眼識：是依於眼根，緣色塵所起的了別作用。

耳識：是依於耳根，緣聲塵所起的了別作用。

鼻識：是依於鼻根，緣香塵所起的了別作用。

舌識：是依於舌根，緣味塵所起的了別作用。

八識　身識：是依於身根，緣觸塵所起的了別作用。

意識：是依於意根，緣法塵所起的了別作用。

末那識：是依於阿賴耶識，執持自我，而起恆審思量作用。

阿賴耶識：是依於末那識，緣「根身」、「器界」、「種子」而生起作用，這是宇宙人生的「本源」，也是唯識學所要鑽探研究的對象。

以上八識中的前六識，是依「六根」對「六境」所起的作用而命名。色、聲、香、味、觸、法，是六識所對的六境。此六境能汙染我人的心識，所以又稱「六塵」。在八識之中，前六識作用單純，比較容易了解。而末那識與阿賴耶識，行相細微，內緣相續，無始以來，常無間斷，故不同於前六識的容易了解。

三、心所有法

心所有法，即八識心王所有之法，此法與心王法相應，心生起時，必有心所，心若不生，心所亦無。此法計六類五十一種，如下表所示：

```
          ┌ 遍行：有五種，即作意、觸、受、想、思。
          │ 別境：有五種，即欲、勝解、念、定、慧。
          │ 善：有十一種，即信、精進、慚、愧、無貪、無瞋、
          │    無癡、輕安、不放逸、行捨、不害。
心所有法 ┤ 煩惱：有六種，即貪、瞋、癡、慢、疑、不正見。
          │ 隨煩惱：有二十種，即忿、恨、惱、覆、誑、諂、
          │    憍、害、嫉、慳、無慚、無愧、不信、懈
          │    怠、放逸、惛沉、掉舉、失念、不正知、
          │    散亂。
          └ 不定：有四種，即睡眠、惡作、尋、伺。
```

（一）遍行：

乃周遍行起之意，心若生時，此五心所相應俱起：

1. 作意心所：作意即「注意」，也就是「留意」。它領導心識趨向所緣的外境。《大學》中說：「心不在焉、視而不見、聽而不聞。」何以如此？不「作意」之故。

2. 觸心所：觸是「接觸」，由於作意，使「根」與「境」相接觸，因而產生了「識」——了別、認識。因此，觸是根、境、識三和的「因」，「三和」是因觸而得的「果」。觸與作意，有時互為先後，有先觸而作意者，亦有先作意而觸者。

3. 受心所：受者領納，謂此心所生時，能領納順違等境。領納順境，是名樂受；領納違境，是名苦受。領納俱非之境，名不苦不樂受。領納外境時，使人於順境欲合，起和合愛；於違境欲離，起乖離愛；於俱非境起非二之愛；所以「起愛」是受心所的業用。此「受」字，以現代語言來說，謂之「感受」，在心理學上，謂此為感情作用。

4. 想心所：「想」是認識，謂此心生時，於所緣之境，取其形像以生認識。認識以後，予以種種名字言說，如分別此是人、此是馬、此是瓶、此是缽等。對此人、馬、瓶、缽先取其像，再予名言，稱此為人馬瓶缽等，是心理學上想像認識的作用。

5. 思心所：「思」謂造作，是一種行為。思心所起時，能令心起諸造作，於善、不善、無記之事，驅役其心，謂由了知善惡等境相，而思作諸業，然後才去造作善惡等事，在心理學上稱此為意志作用。

　　以上五個遍行心所，是普遍的及於一切心識的行動。它活動的範圍，及於一切心、一切地、一切性、一切時。如下表所示：

（二）別境：

　　別境心所有五種，即欲、勝解、念、定、慧。別境者，緣別別境，而得生起——也就是專對某種外境而生起者，故曰別境。別境有五，欲心所緣所樂之境，勝解心所緣決定之境，念心所緣串習之境，定、慧心所緣所觀之境。此五心所，具一切性——善惡無記；一切地——三界九地。而不緣一切境，亦非相續，非心有即有，故無一切時；而此五者並非同時並生，亦無一切俱。

1. 欲心所：欲是希望，即對某一外境起一種希望，就叫做欲。但欲也有好有壞。希聖希賢，希望成佛作祖，當然是好。但希求財、色、名、食、睡，就是不好。
2. 勝解心所：勝者殊勝，解者見解，合言曰殊勝的見解。此心所接觸外境，生起決定的了解，知道必定如此做，叫做勝解。

3. 念心所：念是憶念，對過去的事理記憶不忘就叫做念。

4. 定心所：定是三昧，譯曰正定，為禪定之一。凡夫緣境，多屬散亂，心不專一，唯有修養者能之。普通來說，對於外境一心專注，也叫做定。

5. 慧心所：慧是智慧，慧有世間慧和出世間慧。世間慧中有煩惱，曰有漏慧，出世間慧是般若正智，是無漏慧。自世間慧說，對善惡是非的分別簡擇叫慧。

以上五心所，是「各別緣境」，如下表所示：

$$
別境心所
\begin{cases}
欲 —— 所樂境 —— 以希望為性 \\
勝解 —— 決定境 —— 以印持為性 \\
念 —— 曾習境 —— 以憶念為性 \\
定 —— 所觀境 —— 以心一為性 \\
慧 —— 所觀境 —— 以簡擇為性
\end{cases}
$$

（三）善：

所謂善，是性離愆惡，凡順益世人者，名之曰善，善心所十一，惟善心中方有。

1. 信心所：對善事能了知者是善，能誠實相信者是信。信有三種，一者信實，謂信實事和實理；二者信德，謂信

功德及道德；三者信能，信善惡之業的能力。

2. 精進心所：精者不雜，進者不退，對於善事勤苦修持曰精進。也就是，努力為善斷惡之謂。

3. 慚心所：慚者羞恥，做了壞事自己內心羞惡就叫做慚。別人學問道德超過自己，恥不如人，也叫做慚。

4. 愧心所：慚愧二字常連用。做了壞事無顏見人曰愧。

5. 無貪心所：貪者貪愛，貪戀世間財色名利，非分追求，非義而取，曰貪。反之己之所有，惠施於人，廣行布施，曰無貪。

6. 無瞋心所：瞋者瞋恚，逆境當前，不能忍受，常生恚恨之心，曰瞋。反之慈愍待人曰無瞋。

7. 無痴心所：痴是愚昧不明的意思，因愚昧不明，而起諸邪見，謗無因果，是非不辨，事理不明。若能隨智慧行，就是無痴。

8. 輕安心所：輕者輕快，安者安樂，脫離了煩惱的重擔壓力，故身輕心安。這是以無貪、無瞋、無痴三善根為體，斷除諸煩惱，故名輕安。

9. 不放逸心所：放者放蕩，逸者奔逸，是以貪、瞋、痴為體，成就一切惡事。不放逸是以無貪、無瞋、無痴、精進四者為體，成就一切善事。

10. 行捨心所：行是行蘊，捨是捨棄。行亦可作修行解，捨棄色聲香味觸而不為所動，捨棄種種執著而潛心修行，

謂之行捨。

11. 不害心所：害者損害、戕害。例如戕害人之生命，損害
　　人之名譽等。不破壞戕害一切事物，利樂一切有情，就
　　是不害。

（四）煩惱：

煩是煩擾，惱是惱亂。煩擾惱亂人心者，稱煩惱。煩惱心
所有六：

1. 貪心所：越分追求，非義而取，曰貪。貪財貪色，貪名
　　貪利，貪求種種欲樂，曰貪，是無貪之反。

2. 瞋心所：瞋者瞋恚，逆境當前，妄動無明，對人對事對
　　物有賊害之心，曰瞋。

3. 痴心所：痴者愚昧不明，對於事理沒有正知正見，以是
　　為非，執非為是。因果迷亂，義理全乖，曰痴。

4. 慢心所：慢者驕傲。自以為是，比他人高貴。這又分為
　　七種：一曰慢，對方不如我的，我輕慢他，曰「於劣計
　　己勝」。對方和我相等者，我又何必恭敬他？曰「於等計
　　己等」。二者過慢。對方與我相等，我不承認，自以為勝
　　過他，曰「於等計己勝」。對方勝過我，我心不服，曰
　　「於勝計己等」。三者過過慢。對方本來勝過我，我心不
　　服，反說我勝過他甚多，這種夜郎自大，曰「於勝計己

勝」。四者我慢。執五蘊和合的身心，計為「我」與「我所」。因而驕傲自大，我高、我勝，曰我慢。五者增上慢。在修行上，「未得謂得，未證謂證」，曰增上慢。現代社會上，自稱通靈或開悟者，都是增上慢作祟。六者卑劣慢。一是對勝過我很多的人，我謂也不過勝我一點半點；一是自甘卑劣，謂「勝過我又該如何？」「我不學佛，還不是照樣生活？」七者邪慢。就是慢上起邪見，自己無德，執著以為有德，甚至於說：佛菩薩及聖賢也不過如此，我又何必恭敬他？慢上加邪，至此已極。

5. 疑心所：疑者信之反。對真理懷疑不定。對「三寶」的功德，「四諦」的真理，「因果」的能力，都不確信，曰疑。

6. 不正見心所：不正見者，知見不正之謂。此又有五種：一者身見。梵語曰「薩迦耶見」，薩迦耶譯為身，或叫做我，合計曰「身見」或「我見」。又，「薩」是敗壞義，「迦耶」是和合積聚義，意謂此身是五蘊四大和合所有，沒有常恆不變的真我，故身見或我見都是不正見。二者邊見，就是在我見上執常執斷，執於兩邊，曰邊見。三者邪見，謗因果、謗作用、謗善事，都是邪見。四者見取見，就是在我見、邊見、邪見上執著為最勝、最妙之見。五者戒禁取見。戒者是「性戒」，如殺、盜、淫、妄之類；禁者是「遮禁」，如飲酒。持戒持禁，本是善法，

但外道以此為執著，「非因計因」，也成為不正見。

以上六種煩惱，稱為「根本煩惱」。這又可以開為十種。貪、瞋、痴、慢、疑五者，稱為「五鈍使」。身見、邊見、邪見、見取見、戒禁取見五者，稱為「五利使」，合稱「利鈍十使」。

（五）隨煩惱：

隨煩惱是隨從於六種根本煩惱的意思。這又分三種，前十種是「小隨煩惱」。次二種是「中隨煩惱」，末八種是「大隨煩惱」，分述如下：

1. 忿心所：忿者心憤，逆境當前，不能忍受，而生忿怒。
2. 恨心所：恨是「不捨」，忿怒以後，結怨於心，懷恨無已。
3. 惱心所：惱者「陵犯」，由忿恨而起報復，惱害於他。
4. 覆心所：覆者隱藏，自為過惡，不為人知。他人教誨，更為掩蓋。
5. 誑心所：誑是虛偽不實，自誇高明，矯妄於他。
6. 諂心所：諂者諂媚，假現禮節，恭敬於人，而心不誠實。
7. 憍心所：憍者倨傲，持己才能，於人前賣弄。
8. 害心所：害者損害，結怨於人，懷怨在心，而心存陷害

以報復。

9. 嫉心所：嫉者嫉妒，嫉賢妒能，種種妨害他人之意念。

10. 慳心所：慳是吝慳，吝惜錢財，不肯布施。

以上十種心所，各別而起，唯與第六識相應。

11. 無慚心所：做了壞事，不知羞惡，自暴自棄，稱曰無慚。

12. 無愧心所：做了壞事，不畏譏誚，不怕刑罰，不聽勸告，是曰無愧。

以上二種，遍「不善性」。一切惡法，悉從而生。

13. 不信心所：不信因果，誹謗聖賢，對事實真理，一概否定，曰不信。

14. 懈怠心所：不精進斷惡，不努力為善，蹉跎歲月，虛度光陰，曰懈怠。

15. 放逸心所：放蕩縱逸，不顧廉恥，道德喪失，曰放逸。

16. 惛沉心所：神志昏矇，多增睡眠，不修正道，曰惛沉。

17. 掉舉心所：神魂不定，妄想紛飛，不能止息，曰掉舉。

18. 失念心所：失念即是失去正念，正念既失，邪念增長，禪定智慧，悉皆喪失，故曰失念。

19. 不正知心所：知者知見，知見不正，邪見增長，不信正

法，不信因果，名不正知。

20. 散亂心所：散者分散，亂者擾亂，心思流蕩，曰散亂。

以上八種，自類俱起，遍不善性，故名大隨煩惱。

（六）不定：

不定心所有四種，說「不定」者，意謂這四種法，可以成就善，也可以成就惡，故曰不定。

1. 悔心所：悔者追悔，對於已做的善事，或未做的惡事而追悔者，便是惡法。對已做的惡事，或未做的善事而追悔者，便是善法。
2. 眠心所：眠即睡眠，若睡眠是為調攝身心，起居有常，便是善。若睡眠無度，或晝夜顛倒，耽誤正業，便是惡。
3. 尋心所：尋者尋求，是一種「粗想」。若想善便是善，若想惡便是惡。
4. 伺心所：尋是粗想，伺是細思，都是對事理推求觀察而計較之。若計較為善便是善，計較為惡便是惡。

四、色　法

色法之「色」，一般泛指「物質」而言。這是與心法相對，為心法所了別認知的對象。但物質二字，並不能涵蓋色法的涵

義。在佛典中，有形相可見的物質固是色法，但光聲香味感觸、長短方圓形狀，即凡是與知識成對象的，都是色法。故色法之色，有「變壞」、「質礙」、「示現」等義。變壞者，因緣所生法，自生起始，剎那剎那趨向壞滅；質礙者，彼此觸對互為質礙；示現者，有方所形相，表示顯現彼此之差別——此一「色」字，留待下章「五蘊」中再為詳釋。色法有十一種，如下表所示：

$$
色法
\begin{cases}
五根：眼根、耳根、鼻根、舌根、身根 \\
五境：色境、聲境、香境、味境、觸境 \\
法處所攝色
\end{cases}
$$

（一）五根：

即眼耳鼻舌身等五種感覺器官，五根為眼等五識之所依，五根能緣取色聲香味觸五種外境，而發出五識。在前五識來說，即識之發生，以根與境為緣，如下表所示：

$$
五識
\begin{cases}
眼識——眼根——色境 \\
耳識——耳根——聲境 \\
鼻識——鼻根——香境 \\
舌識——舌根——味境 \\
身識——身根——觸境
\end{cases}
$$

五根的根字，有「能生」、「增上」之義。草木之根，能生

幹枝；諸識之根，能生諸識。照唯識學上說，此五根皆第八阿賴耶識所變相分，而又各有二種，一是內根，一是外根。外根是我人視覺可見的眼耳鼻舌身諸器官，這在佛典上稱為「扶塵根」，又稱「浮根塵」。稱「扶塵根」者，因為它有扶持正根──內根的作用；稱「浮根塵」者，指此五根是虛浮不實之法，故名浮根塵，外根沒有發識的作用。佛典中有一段文字形容諸外根的形狀，說：「眼如葡萄朵，耳如新菜葉，鼻如雙爪垂，舌如初偃月，身如腰鼓顙，意如幽室見，因名浮塵根。」

內根叫做「淨色根」，又名「勝義根」。佛典上說，勝義根質淨而細，猶如琉璃，肉眼不可見，惟佛眼可見之。

這樣看來，外根自然是身體上的感覺器官，而內根，以現代智識來看，就是生理學上的視、聽、嗅、味、觸等神經纖維，及中樞神經中的神經細胞。

內根是外根的正根，有發識取境的功能，勝於浮塵根，故名勝義根，又因是清淨四大所成，故又稱淨色根。淨色根雖有發識之作用，然根有根之自種，識有識之自種，根之於識，僅是增上之緣。

（二）五境：

五境又名五塵，為「四大種」所造，為五根及五識所對之外境。

1. 色境：色境是眼識所緣之境，此境有三種，曰顯色、形色、無表色。顯色者，如青黃赤白、光影明闇、雲煙塵霧、光明差別等；形色者，如長短方圓、大小粗細、正斜高下等之差別形狀。無表色者，如伸屈取捨，行住坐臥，靜止活動等之差別表象。

2. 聲境：聲境是耳識所緣之境，此境有三，曰「執受大種因聲」、「非執受大種因聲」、「俱大種因聲」。此中所云「大種」，即地水火風之四大種。眾生以「四大」為身，即執為自體而不捨，名謂「執受大種」。因此發聲──如語言及以手相擊之聲，名謂「執受大種因聲」。

   次者「非執受大種因聲」，即不是眾生口舌肢體發出的聲音，而是「器界」──客觀存在的物質界發出的聲音，如水聲風嘯、機械動力等之聲音。

   再次者「俱大種因聲」，即前二種合作之聲音，如擊奏樂器、操作機械等。

   以上三種，第一又名「內緣聲」，第二名「外緣聲」，第三名「內外緣聲」。

3. 香境：香境是鼻識所緣之境，此有六種──三實三假，三實者，一曰「好香」，謂益根順情、鼻所樂取之香，如沉檀之香是；二曰「惡香」，謂損根違情，非鼻所樂取之香，如糞穢之味是；三曰「平等香」，謂於鼻合時，無所損益，如磚石之無香者。

三假者，一曰「俱生香」，謂與本質俱時所生之香，如沉檀等；二曰「和合香」，謂糅雜諸物共成之香，如和香；三曰「變異香」，謂於熟變時方增香氣，如果實成熟之香等。

4. 味境：味境是舌識所緣之境，有甘、酸、鹹、辛、苦、淡等六味。

5. 觸境：觸境是身識所緣之境，分「能造觸」與「所造觸」二類，共二十六種。能造觸者，謂地水火風四種，此為觸境之實體，堅勒為地，流濕為水，溫熱為火，輕動為風。所造觸者，有滑、澀、輕、重、軟、緩、急、冷、飢、渴、飽、力、劣、悶、癢、黏、病、老、死、疲、息、勇等二十二種。此二十六種「觸」，是由八種原因而立：一、由「相」而立地、水、火、風四種；二、由「摩」而立滑、澀二種；三、由「攝」而立輕、重二種；四、由「觸」而立軟一種；五、由「執」而立緩、急二種；六、由「雜」而立冷、黏二種（水風相雜故冷，地水相雜故黏）；七、由「界」——即四大不平等而立飢、渴、劣、悶、癢、病、老、死、疲九種；八、由「界」——即四大平等而立息、力、勇、飽四種。

（三）法處所攝色：

法處所攝色，是第六識——意識所緣之境。也就是「法處」

所攝的「色法」——意識所統屬的色法，這一類「色法」，是無質的，是五根所不能領納的，只能用意識來了別領略，也就是意識所緣的一切對象。細分「法處」所攝之「色法」，有「極略色」、「極迴色」、「受所引色」、「遍計所起色」、「定所生色」五種，事實上已包括宇宙萬法——也就是宇宙萬法，統為意識所緣的對象。

五、心不相應行法

不相應行法，是依前三法——心法、心所法、色法之分位差別所假立之有為法。所謂「不相應」，就是「不相似」的意思。它無緣慮作用，不與心及心所相應；它沒有質礙性，不與色法相應；它有生滅變遷，也不與無為法相應，但也不是在色法、心法、心所法之外別有體用。而是依色、心等三法所假立，故其名稱，具足應稱「色、心不相應行」。現僅稱「心不相應行」者，因為色法是心王心所之所變現，而心所又是心王的作用，心王是主，故稱「心不相應行」，計有二十四種：

（一）得：

得是「成就」的意思，是假立的名字。即總指色、心、心所法三種的作用發現生起，成就「善、惡、無性」的種種行為。

（二）命根：

命根是心法、色法的作用，其實就是生命。在壽、煖、識三法和合下，命根始存在。三法捨一，命根就不存在了。

（三）眾同分：

眾是「大眾」，同是「相同」，分是「一分」。人是人類大眾中的一分，畜是畜類大眾中的一分，以至其他各類亦然。

（四）異生性：

異是異類，生是眾生，性是性質。宇宙間一切眾生，種類各異，輪迴六道，性質不同，叫異生性。

（五）無想定：

這是外道禪定的一種，想是想心所，修此禪定，前六識不起，但第七識仍在。

（六）滅盡定：

這是佛教修持最高的禪定，修持此定，前六識不起，第七識亦不起現行，故名滅盡定。

（七）無想報：

這是由修無想定的力量，所成就的一種果報，報在「無想天」，五百大劫，不生想心。但報盡命終，受業力牽引，仍入輪

迴，升沉不定。故佛教修正定者不入此定。

（八）名身：

名是名字，身是「聚」義，名身就是一切的名詞。一字為名，二字為名身，三字連綴是多名身。

（九）句身：

句身是聯合若干名身，以表明一種事理。也就是一句完整的話，這句話中要包括「主詞」和「述語」。

（十）文身：

文是「文字」，也就是名詞，由名詞加述語而成句，是句身。由句而成段，是文身。由段而成篇，就成了「多文身」，故文字為名句之體。

（十一）生：

本無今有叫做「生」。

（十二）住：

生已漸成叫做「住」。

（十三）老：

由生至死，中間的念念變異叫做「老」。

（十四）無常：

無常是不常久，也就是「死」、「滅」、「空」的異名。也可說是從有到無。這在人來說叫「生住老死」，在物來說叫「生住異滅」，在世界來說叫「成住壞空」，這都是無常。

（十五）流轉：

一切因緣和合的有為法，都是因果相續、生滅無常。以植物為例，種子生芽，芽生根，根生莖、葉、花、果，果又結種、生芽，就叫做流轉。

（十六）定異：

在無常流轉中，不同的因生不同的果，瓜種生不出豆苗，豆種也生不出瓜蔓，因不同，果亦各異，叫做定異。

（十七）相應：

宇宙萬有，各從其類，曰相應。瓜的種子仍可生出瓜，豆的種子仍可生出豆。推而廣之，善法與善法相應，惡法與惡法相應，心法與心法相應，色法與色法相應。

前說「不相應」法，是指此二十四法，以其無知覺，故不與心法相應，亦不與心所法相應，以其不是有質礙之物，故不

同於色法，以其是有生滅之法，故不同於無為法。今說「相應」，是指其同類法而言。

（十八）勢速：

一切因緣和合的有為法，都是生滅變異、剎那不停，叫做勢速。

（十九）次第：

一切有為法，假各安立次第——凡有言說即有次第。如一二三四、甲乙丙丁、子丑寅卯等。

（二十）時：

時是時間，如過去、現在、未來；去年、今年、明年；昨日、今日、明日；早上、中午、晚間等。

（二十一）方：

方是方位，如東、南、西、北，前、後、左、右，上、下等。

（二十二）數：

數是數目，如一、二、三、四、五，個、十、百、千、萬等。

（二十三）和合：

法不孤起，任何事理都不能單獨生起存在，要藉眾緣和合。

（二十四）不和合：

事物的生起藉眾緣和合，叫做「緣起則聚」，事物的壞滅是眾緣「不和合」，叫做「緣盡則散」。眾緣有時相吸，有時相斥。

六、無為法

無為法的「為」，是「造作」、「作為」的意思。無為，就是無所造作，無所作為，這是簡別與「有為法」而說的。有為法，是因緣和合、有生滅變異之法——如前述之九十四法，皆是生滅法。無為法是清靜寂滅的，這便是真心——真如實相。真如實相無從直接表示，只可借事理來間接表達之。

真如實相是不生不滅的「法性」。法性本來「非一非異」，如今何以說有六呢？蓋六種中的前五種，或依其原因來講，或約其作用來講，都是「真如無為」的化身，最後的「真如無為」始為其本體。茲述六無為法如下：

（一）虛空無為：

「虛空無為」中的虛空二字，是一個形容詞，形容「無礙」之義。虛空遍及世間，「真如法性」也遍及世間，宇宙萬有、森羅萬象，那一法上能沒有「法性」呢？《俱舍論》中謂，無為法不礙一切物，一切物亦不礙無為法——這無為的真理如同虛空，

一切事象在虛空中生生不已，而虛空永無改變；一切事象在真理中流轉，而真理常住不改。

　　虛空，不是我人所見無物處的虛空，如果無物處是虛空，那有物處豈不就障礙了嗎？

（二）擇滅無為：

　　擇是「揀擇」，滅有兩種意義，一是滅除煩惱，一是「滅理」，就是滅去不生不滅無為法的空理。由智慧揀擇的力量，斷除一切煩惱，所得的寂滅，就是「涅槃」，這真理是由於證得涅槃而表現的，所以叫「擇滅無為」。

（三）非擇滅無為：

　　非擇滅無為，就是不由智慧揀擇的力量，而自然寂滅所表現的真理，也就是，一切萬象，由眾緣分離，還歸於空時所顯的真理。一切有為法，皆是仗「因」託「緣」而生起的。「煩惱」也是其中之一，須要因緣和合而生，假如它永遠遇不到緣，自然永遠就不會生起。非擇滅就是這個道理，煩惱既然因缺緣而不生，又揀擇什麼東西去滅除它呢？因為有煩惱才要去滅，既然煩惱不生、沒有煩惱，自然用不著去滅了。

　　再者，無為法的「法性」、「自體」本來清淨，沒有煩惱。既然沒有煩惱，也用不著去揀擇智慧來滅除，這就是「非擇滅無為」。

（四）不動無為：

不動無為，說的是「色界第四禪」的禪定情形。

佛經上說，世界將要壞的時候，火燒初禪天，經過七次火災，又有一次水災出現，就淹到二禪天上。如是經過七七四十九次火災、七次水災，最後又有一次風災出現，此風災連三禪天都被吹壞。如此，初禪天為火災所動，二禪天為水災所動，三禪天為風災所動，這叫做火燒初禪，水淹二禪，風掃三禪。這時世界動搖，唯有到了四禪天的境地，火災、水災、風災都不能到達，這種「三災不至」、「煩惱不生」，而顯現的「無為」，就叫做「不動無為」。

也就是說，這色界第四禪，不為一切苦樂所搖動的身心所顯的真理。

（五）想受滅無為：

想、受滅無為者，想是「想心所」，以「取像」為義，受是「受心所」，以「領納」為義，就是「心所有法」遍行中的想、受心所，也是「五蘊」中的受、想二蘊。心若生時，想、受二者必同時俱起，所以，為善為惡，要經過「想」，是苦是樂，要經過「受」。如果受了而不去想其順、違的境界，則善惡之念就不會生起。也是說，入了「滅盡定」──佛教中最高的禪定，又名「滅想受定」。想、受不起，「有為」不起，「無為」顯現，這種一切想、受都不生起時所顯現的真理，就是

「想受滅無為」。

（六）真如無為：

　　真者不假，如者不變。又，真簡非妄，如簡非倒，一切法的法性都是真實常住的，這才是「真體」。前面五種無為都是方便示說，因為一切法的「平等性」，無形無相，何能有數目可說。不但前五種無為是方便言說，即「真如」二字，亦是方便言說。蓋「說水」不能解渴，「說火」不能灼手，說的真如，亦不是真如，以「言不詮真」。真如不是語言文字所可表達的，真如是證得的。

　　但要證得真如，那先要破「二執」──我執與法執；斷「二障」──煩惱障與所知障；證「二空」──我空與法空；得「二轉依果」──轉第八識之迷依，為真如之悟依，以得菩提、涅槃之二果，那時才能證得真如實相。

　　《百法明門論》，不僅是將萬法加以歸納與分類，而主要是在破遣我人的執著──我執與法執。重點在全論最後的幾句話。即：「言無我者，略有二種，一、補特伽羅無我；二、法無我。」

　　補特伽羅，梵語，舊譯曰人、眾生，新譯曰數取趣。意思是指數取五趣而輪迴的意思。「補特伽羅無我」者，其實就是「人無我」，人何以無我？人為五蘊和合而有，其中無真實之我

體，故曰「人無我」。法無我者，固執諸法有實體、有實用，曰「法我」。若了知諸法因緣生的道理，「緣起性空」，實無自性，是曰「法無我」。這二無我，是大乘菩薩之觀道，以斷惑障。《楞伽經》一曰：

> 大乘菩薩摩訶薩，善觀二種無我相，云何二種無我相，謂人無我，及法無我。

第三章　五蘊、四大、三科

一、泛說五蘊

上一章，詮解世親論師的《百法明門論》。百法是宇宙萬有的分類，把宇宙萬有歸為百法。但還有更扼要的歸納法，宇宙萬法可歸之入「五蘊」。

五蘊是什麼？《大般若經》上說：「五蘊即色、受、想、行、識也。」在這五蘊之中，色蘊即百法中的色法。受、想、行、識四蘊，即百法中的心法。

佛住世說法，屢屢說到五蘊——這在《四阿含經》中譯作五陰——佛說五蘊，是在破我人的妄執。我人有哪些妄執呢？《阿毘達磨論》上說，我人最普遍的妄執，是執著於「身具我事、受用我事、言說我事、造作一切法非法我事、彼所依止我自體事」。

所謂「身具我事」，就是我人對六根、六境所生的我見，故說色蘊以破之；「受用我事」，是我人接觸順逆之境時，所生的苦受與樂受，故說受蘊以破之；「言說我事」，是我人在思想、言論上所起的我見，故說想蘊以破之；「造作一切法非法我事」，是我人種種善、惡行為上的我執，故說行蘊以破之；「彼所依止我自體事」，就是上述四種我事，皆依我人的心識，而妄執實我，故說識蘊以破之。詮解五蘊的釋論，是《大乘五蘊論》。

　　《五蘊論》在中土有兩種譯本。一是世親論師造，唐玄奘三藏譯，題名是《大乘五蘊論》，這是世親從其兄無著學大乘後，最早的一本著述，此時他著重於傳述無著的「法相」之學，尚未倡言「唯識」。另一種譯本是安慧造，唐中天竺沙門地婆訶羅譯，題名曰《大乘廣五蘊論》。

　　「五蘊」是什麼呢？《大般若經》上說：「五蘊即色、受、想、行、識也。」五蘊更加以約簡，就是「色」、「心」二法。《仁王般若經》曰：「色名色蘊，心名四蘊，皆積聚義，蔭覆真實。」五蘊又稱「名色」。《大乘義章》上說：「言名色者，心從詮目，故號為名，身形質礙，稱之為色，良以心法冥漠難彰，非詮不辨，故從詮目，說以為名。」

　　五蘊，梵語塞犍陀。五蘊也有譯作五陰或五聚的。蘊是覆蓋的意思，指此五者能覆蓋我人的真如性體；陰是賊害的意思，指此五者能賊害我人的性德；聚是積聚的意思，謂集此五聚，以成就我人的色身心識。其實簡單的說，我們把此五者，叫做五種或五類也未嘗不可。那就是，積聚許多同一性質、同一系列的事事物物或心理活動，把它們歸納成類，就叫做「蘊」。世界上所有的物質現象或心理活動，可以歸納成五類，那就是「色、受、想、行、識」。

　　這色、受、想、行、識又是什麼呢？《大乘五蘊論》上說：

　　　云何色蘊，謂四大種及四大種所造諸色。

云何受蘊，謂三領納。一苦、二樂、三不苦不樂。

云何想蘊，謂於境界取種種相。

云何行蘊，謂除受想，諸餘心法及心不相應行。

云何識蘊，謂於所緣境了別為性，亦名心意，由採

集故，意所攝故。

《大乘五蘊論》上的一段話，仍須加以詮解及語譯才能使人了解。其實所謂「色蘊」，是泛指一般的物質現象，即所謂四大種及四大種所造諸色——眾生的「色身」，即眼、耳、鼻、舌、身五根，及與五根所相對的五境，也就是宇宙萬有的物質現象。受、想、行、識四蘊，是所謂「心法」，心法又稱之曰「名」。事實上就是「有情」——有情識情愛的眾生，通常以人為代表——的心識活動，所以「五蘊」就是「色」、「心」二法，如下表所示：

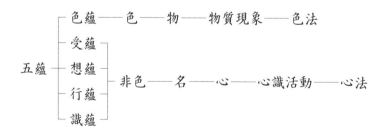

釋迦牟尼世尊，證得「緣起」法性，成為佛陀——覺者，他憐憫眾生迷昧，發願說法度眾，為眾生解析宇宙人生真理，

惟宇宙萬有，森羅萬象，無以一一為之說明，乃將宇宙間林林
總總的事物，歸納為「色」、「心」二法。惟色法雖森羅萬有，
以其是物質現象，其理性法則較粗顯易解。心識雖方寸之地，
以其是精神活動，其理性法則較溟漠難彰。因而將心法演繹為
受、想、行、識四類，合色法而為五蘊。五蘊的作用，如下表
所示：

五蘊
- 色蘊：泛指物質現象，包括地水火風四大因素。
- 受蘊：生命體的身心感受。
- 想蘊：「於境取象為性」，即想象。
- 行蘊：意志與行為。
- 識蘊：了別與認識──了別即判斷分別。

　　我人平常所說的宇宙，在佛典上稱為世界，又稱世間。世
是遷流義，過去、現在、未來遷流不息，名世；界是方位義，
東南西北上下四維十方名界。間為間隔，與界義同。《楞嚴經》
四曰：「世為遷流，界為方位。汝今當知，東西南北、上下為
界，過去、未來、現在為世。」《名義集》三曰：「間之與界，
名異義同，間是隔別間差，界是界畔分齊。」

　　在佛典上說，世間有兩種，一曰「有情世間」，一曰「器世
間」。有情是指有情識有情愛的眾生，這其間以人為代表。合各
種有情，稱「有情世間」。「器世間」，是有情依託生存的環境，
也就是山河大地、房舍器物的物質世界。而這兩種世間，全是

由五蘊——色、受、想、行、識所構成的。

　　事實上，所謂宇宙萬法——精神現象和物質現象的存在，基本上是由「主觀的能認識的識體」——心識活動，與「客觀的所認識的對象」——物質世界，互相關涉對待而有的，沒有「主觀的能認識的識體」固然沒有宇宙萬法，沒有「客觀的能認識的對象」，同樣也沒有宇宙萬法。所以《雜阿含經》上說：

　　　　緣名色而有識，緣識而有名色；此生則彼生，此滅則彼滅。

　　而五蘊之中，就概括著「主觀的能認識的識體」和「客觀的所認識的對象」，如下表所示：

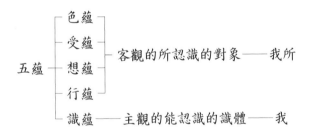

　　惟唯識學的宗義，以為「萬法唯識」，心識之外，並無客體的所認識的對象存在。事實上，所謂客觀的所認識的對象，是由我人心識變現而來，並非心外之法。此處說客觀，是為詮釋上方便而說的，這在後文尚有詳解。

二、四大種及四大種所造諸色

《大乘五蘊論》謂：

> 云何色蘊，謂四大種及四大種所造諸色。

《大乘阿毘達磨雜集論》謂：

> 色蘊何相，答：變現相是色相，此有二種：一、觸
> 對變壞。二、方所示現……

《五事毘婆沙論》上說：

> 問：依何義故說之為色？答：漸次積集，漸次破壞，
> 種種生長，會遇怨或親，便能壞能成，皆是色義。
> 像說：變壞故名為色，變壞即是可惱義。

《俱舍論》則謂：

> 諸有為法和合聚義，是蘊義，如契經中說：「諸所有
> 色，若過去，若未來，若現在，若內若外，若粗若
> 細，若好若醜，若遠若近，如是一切略為一聚，說

　　名色蘊。」

　　以上種種關於色蘊的解釋，用的全是佛經中的名相──術語，對現代社會人士來說，能了解的恐怕不多，仍有詮解的必要。筆者在此以現代語言文字，重新加以組合詮解寫出來：

　　凡是由因緣和合所生起的事物，叫做「有為法」──這是與「無為法」相對而言──把世間林林總總的有為法歸納成一類一類的，就叫做「蘊」，此蘊有五，即色、受、想、行、識，這五蘊，概括了世間所有的物質現象，和有情的心識活動。至於色蘊的色，是構成物質元素和物體的東西。小乘有部建立「極微」，以「色」為眾微所聚；離心識之外別有。大乘唯識破斥極微，認為世間萬法，唯識所現，本識隨量大小，頓現一相，識外並無極微。關於這一點，留待後文討論，此處假設從極微說起。

　　色，是構成物質元素和物體的東西，是由「眾微」積聚而來。已經破壞了或消逝了的物質，叫「過去色」；尚未現起存在的物質，叫「未來色」；已經現起，在因緣相續的條件下存在的物質，叫「現在色」。

　　我們身體上心識所變的「相分色」叫「內色」；我們身體外物理性的物質叫「外色」；肉眼能見到的物質叫「粗色」，肉眼看不到的物質叫「細色」；悅目的物質叫「好色」，不悅目的物質叫「醜色」；視力所不及的物質叫「遠色」，視力所及的物質

叫「近色」，這一切綜合起來，就稱作「色蘊」。

　　物質現象，是因緣和合而生起存在的。有一類是我人視之可見，觸之可覺，知其存在的物質，此類物質是因緣和合而生起存在，當因緣變異或散離時，此物質也就變異或破壞了，這就叫做「觸對變壞」。另一類是沒有形體，卻有跡象可尋的，如長短方圓、青黃白赤、甜酸苦辣等，及許多抽象的觀念，這叫做「方所示現」。換句話說，就是我們把各種印象，各給它加上一個名稱，何者是方、何者是圓、何者是赤、何者是白，這方圓赤白的概念，都是我人構畫出來的，以此來規畫合於我們構畫概念的其他事物。

　　物質現象是因緣所生法，因緣和合、相續，此物質就生起、存在。在其存在期間，如遇到「相輔相成」的因緣，它就變好、變成；如遇到排斥破壞的因緣，它就變壞。所以「會遇怨或親，便能壞能成」。既然一切物質都受因緣支配，所以都「漸次積聚、漸次破壞」。

　　至於「色蘊」，並不是單一的東西，它包括著「四大種」及「四大種所造諸色」。

　　四大種是什麼？照《俱舍論》上說，是地大、水大、火大、風大。地大性堅，支持萬物；水大性濕，收攝萬物；火大性煖，調熟萬物；風大性動，生長萬物。這四者，能造作一切「色法」——宇宙萬有的物質現象，所以又稱作「能造四大」。

　　四大，不僅是指地、水、火、風四物，主要是指堅、濕、

煖、動四性。稱其為「大」者，以其「遍及於一切法」，普遍存在於一切物質現象中，所以稱大。也就是說，四大是存在於一切物質中，而不是分別指自然界的山石大地、溪澗河流、日光、風力而言。一切物質現象中，皆具有此堅濕煖動四性。

四大之說，與我國的五行學說類似。五行學說，是把宇宙間一切物質現象，歸納入金、木、水、火、土五種物性之中——如火性炎上，水性潤下，木性四方擴展，金性集中凝聚，土性平坦不傾。而四大，是把一切物質現象歸納入堅濕煖動四性之中。

何以見得四大「遍及於一切法」呢？我們以星球為例，星球表面的山石大地，以堅為性，是地大；掘地得泉，以濕為性，是水大；星球內部的岩漿，以煖為性，是火大；星球與星球間互相吸引，以動為性，是風大。

如再以植物為例，植物的枝幹屬堅性，體內的水分屬濕性，植物吸收土壤中的養分以發育，為煖性，吸入碳氣吐出氧氣，是動性。

萬物皆具有堅濕煖動四性，人體也是物質構成，是否具此四性呢？當然也是。《大方廣佛了義經》上說：

> 我今此身，四大和合，髮毛爪齒，皮肉筋骨，髓腦
> 垢色，皆歸於地；唾涕膿血，津液涎沫，痰液精氣，
> 大小便利，皆歸於水；煖氣歸火，動氣歸風。

　　由於四大「遍及於一切法」——遍及於一切物質現象之中，所以一切物質現象，就稱為「四大種所造諸色」。

　　依照小乘有部的理論，物質是眾微所聚，離開心識之外而別有。而唯識學的理論則以為「萬法唯識」。所謂物質現象，不過是識體所變現，識體之外，無所謂物質的存在。而識體變現，基本上是阿賴耶識的作用，阿賴耶識變現起四種功能，這四種功能集合起來對外「見照」，而構成物質的形體。這四種功能是什麼呢？一、障礙的功能；二、流潤的功能；三、炎熱的功能；四、飄動的功能。這四種功能集體發生作用，使我人感覺到有物質形體的存在。由於四種功能集合的成分不同，所以有各種不同的原質。

　　事實上，以上四種功能，也就是地、水、火、風四種物性主觀的感覺。地大雖有障礙的功能，但它是眾微所聚的假有，根本不是實質。

　　那麼，「眾微」是不是實質呢？如果是實物，在心識之外而實有，則唯識學的理論就不能成立。如果不是，那麼科學家告訴我們，世間物質，是由原素組合而成的。在我人主觀的認識上，也認定物質是實有，這究竟孰是孰非呢？我們看下一節「極微是否實體」。

三、極微是否實體

　　小乘說一切有部的理論，認為「人空法有」——人為四大

五蘊假合而有，所以是空的，而「法」──物質是實有的。「色蘊」之色，為「眾微」所聚，是構成物質的元素。《五事毘婆沙論》稱：

> 問：依何義故說之為色？答：漸次積集，漸次破壞，種種生長，會遇怨或親，便能壞能成，皆是色義。

色由漸次積聚而有，所以又稱之曰「眾微聚」。因此立有「極微」之說，且以極微為實物，故又稱「色聚極微」。

此色聚極微，並不是物質的最小「基點」。較色聚極微更小的，名稱是「極微之微」。合七極微之微，才構成一色聚之微。

照小乘有部宗的理論說，極微有三位，一為「極微之微」，二為「色聚之微」，三為「微量」。極微之微者，色聲香味觸五境，與眼耳鼻舌身五根等十色之最極微分也。這種極微，實色（現代物理學上所稱的「質量」）極少，不可更分，故名「極微之微」。

色聚之微者，前述十色等之極微，聚合而成一物質上最極微分（物質的最小質點）。前述構成色聲十色等之極微，雖是「實色」（實有其質量），但不能單獨存在，生時必彼此相依而生，所以色聚微是諸極微的和聚體。《俱舍論》四曰：「色聚極細，立微聚名，為顯更細於此者。」更細於色聚微的，自然就是極微之微了。

　　微量，是合色聚極微的七倍稱為微量，這是「眼見」的極點。惟此處所稱的眼見，非凡夫之肉眼可見，惟佛眼與天眼可見。

　　微量的七倍，稱之曰「金塵」，金塵的七倍稱之曰「水塵」，水塵的七倍稱之曰「兔毛塵」。金塵水塵，指其可遊行於金或水的空隙中。兔毛塵，意思是兔毛尖端的微塵，以顯其小。《俱舍論》十一曰：

　　　七極微為一微量，積微量七，為一金塵，積七金塵
　　　為一水塵，量水塵積至七，為一兔毛塵。

　　《大乘義章》曰：

　　　質礙名色。

　　色有相互質礙之特性，自然有形有質，雖然極微非肉眼可見，但漸次積聚，即有形體，有形體者自然就成為物質。因此，由眾微之積聚而有物質，由物質之積聚而成世界，而成宇宙萬有。

　　但在唯識學上，不承認極微為實有，以極微為假想上的分析。唯識學上以為，一切物質，隨其量之大小，念念刻刻，自阿賴耶之種子變現，根本沒有由微積聚至大之法。所謂「極微」

之說，止為破遣我見，成析空觀時，以假想分析物質，故實體之極微，決定無有。《成唯識論》二曰：「識變時，隨量大小頓現一相，非別變作眾多極微合成一物。」《唯識二十論》中，有四段破遣極微的頌，頌謂：

> 以彼境非一，亦非多極微，又非和合等，極微不成故。
> 極微與六合，一應成六分，若與六同處，聚應如極微。
> 極微既無合，聚有合者誰，或相合不成，不由無方分。
> 極微有方分，理不應成一，無應影障無，聚不異無二。

《觀所緣緣論》亦破遣極微，認為極微沒有實體，論曰：

> 諸有欲令眼等五識，以外色作所緣緣者，或執極微，
> 許有實體，能生識故。或執和合，以識生時，帶彼
> 相故。二俱非理，所以者何？極微於五識，設緣非
> 所緣，彼相識無故，猶如眼根等……

在唯識學上說：「萬法唯識」，「心外無法」，我們眼識所見的「色」——種種物質的形相，事實上不是物質形相的本質，而是託第八阿賴耶識種子所變的「相分」為本質，然後由眼識再變出一重「相分」——影相，然後再由眼識的「見分」去緣。這在唯識學上叫做「自變自緣」。意思是說：眼識自己變的「相

分」，由眼識自己的「見分」去緣，眼識本身不能緣外面的「本質色」，但緣自己所變的「相分色」。而眼識的相分色，是托第八阿賴耶識所變現的「相分」的本質而生起生的。因此，根本沒有心外之實法。

唯識之「識」，以「分別」為義，但這種分別的能力，不是這能力對識以外的「境」或「物」加以分別，而是說，這種分別能力，就是能力本身的活動，也就是它自己分別它自己。「唯識」在理論上說是「絕待」的，沒有識以外相對的實物。

其實，唯識學也並不是完全否定外境。只不過外境沒有實體，是不離識的假有罷了，我們所識認的一切外境，是第八阿賴耶識的色種子變現的「相分」，前五識託之為本質，再變出本識的相分，這就成了我人見聞覺知的外境。事實上，這只不過是心識本身能力運動的作用罷了。

四、受想行識

五蘊，是色、受、想、行、識。色蘊是「色法」，概括了山河大地，世間萬有，也概括了我人屬於物質部分的身體；受、想、行、識四蘊是「心法」，是觸境所起的我人心識上的精神活動。

人體是色蘊——四大種造成的，具有堅、濕、煖、動四性，《大方廣佛了義經》上說：

我今此身，四大和合，髮毛爪齒，皮肉筋骨，髓腦
垢色，皆歸於地；唾涕膿血，津液涎沫，痰液精氣，
大小便利，皆歸於水；煖氣歸火，動氣歸風。

四大組成了我人的肉體，也組成了我人五種感覺器官的
「根」——眼、耳、鼻、舌、身五根，和與五根相對的外境——
色、聲、香、味、觸五塵。但「四大種」祇是色法，此色身必
須與受、想、行、識四蘊和合，才能成為一個完整的生命體。
現在我們來探討，這受、想、行、識四蘊，各有什麼作用。茲
先自「受蘊」說起：

（一）受蘊：

受以領納為性。《大乘五蘊論》曰：

云何受蘊？謂三領納，一苦、二樂、三不苦不樂。

《阿毘達磨雜集論》中說：

問：受蘊何相？答：領納相是受相，謂由受故領納
種種淨不淨業所得異熟……

受蘊的受，就是五位百法中，心所有法中的「受」，而在五

蘊中名列第二。《大乘廣五蘊論》云：「受謂識之領納。」按此
處所說的識，即心之別名。識之領納，也就是心王所相應的受
心所。所謂「領納」，即對境承受事物的心理作用，也就是由內
六根——眼、耳、鼻、舌、身、意，對外六境——色、聲、香、
味、觸、法，而起六識領納的感受。

　　受有三種境相，緣可愛境，謂之順益受；緣不可愛境，謂
之違損受；其非可愛亦非不可愛者，謂之俱非受，亦謂「中容
境」。此三種境相，又稱苦受、樂受、不苦不樂受。吾人對「順
情境」的樂受，能起貪戀之心；對「違情境」的苦受，能起憎
恚之心；對「中容境」的不苦不樂受，能起痴心。

　　其實，若以現代的語言觀念來說，「受」就是我們常說的
「感受」。在心理上說，我們日常接觸的人際關係，各種事務，
順我意者，感到歡喜舒暢；違我意者，感到氣惱不快；一些不
相干或無關緊要的事，既無舒暢，也無不快，就是「中容受」。
在生理上說，也有種種苦樂或中容之受。如清涼舒適是樂受，
燠熱勞苦是苦受，這二者之間是中容受。

（二）想蘊：

　　想是「想像」，「於境取像為性」。《大乘五蘊論》謂：「云何
想蘊？謂於境取種種相。」《阿毘達磨雜集論》云：「問：想蘊
何相？答：構了是想相，由此想故，構畫種種諸法像類，隨所
見聞覺知之義起諸言說……」

想蘊，也就是五位百法中，心所有法中的「想心所」。在五蘊中位居第三。這是由眼、耳、鼻、舌、身、意的內六根，與色、聲、香、味、觸、法的外六境相對而生起，對於所緣之境，重新加以分別想像，構成概念。這在心理學上，屬於「知」的功能。

（三）行蘊：

行蘊的行，是「思」的別名，也是五位百法中的思心所的作用。行是「遷流造作」的意思。《大乘五蘊論》謂：

> 云何行蘊？謂除受想，諸餘心法及心不相應行。

《阿毘達磨雜集論》謂：

> 問：行蘊是何相？答：造作相是行相，由此行故令心造作，謂於善惡無記品中驅役心故，又於種種苦樂等位驅役心故。

此言「思心所」之自性，只是造作，故能以其造作的力用，而與第六意識心王相應，令心同起善惡等之造作——即所謂「意業」。行蘊的範圍極廣，它包括了五十一種「心所有法」中的四十九種——除受、想二種，及二十四種的「心不相應行」。

　　原來我人的一顆妄心，念頭前滅後生，此落彼起，念念遷流，片刻不停，這有如行路一樣，兩足互相起落，故稱行蘊。此行蘊——即「思心所」與外境接觸，立即生起善念、惡念，或貪、瞋、痴、慢等念，此念有如心理學上的意志作用，此意志由「行」而造業，這種「業力」，就是支配我人生命的力量。

　　行蘊和受、想二蘊不同之處，即受想二蘊不是意志活動，不產生業果，而行蘊則產生業果，此業果儲藏入我人的阿賴耶識中，遇機則起現行。

(四) 識蘊：

　　識是「以了別為義」——即判斷與分別。也就是五位百法中的心王法——前六識。《大乘五蘊論》謂：

> 云何識蘊？謂於所緣境了別為性，亦名心意，由採集故，意所攝故。

《阿毘達磨雜集論》稱：

> 問：識蘊何相？答：了別相是識相，由此識故了別色聲香味觸法等種種境界。

以上二說，都著重於「了別」二字，了是了解，別是分別，

也就是說，此識對於所緣之境——色聲香味觸法諸境，加以判斷與分別。這種作用，若以現代心理學術語來說，約為「心理活動的統一狀態」。但這只是概括的說法，若進一步探討，其作用尚有多種。《阿毘達磨雜集論》卷二謂：

> 識者，謂六識身，眼識乃至意識。眼識者，謂依眼緣色了別為性；耳識者，謂依耳緣聲了別為性；鼻識者，謂依鼻緣香了別為性；舌識者，謂依舌緣味了別為性；身識者，謂依身緣觸了別為性；意識者，謂依意緣法了別為性。當知此中由所依故，所緣故自性故，建立於識。

在「五位百法」中，心法有八，稱「八識心王」。此處何以只有六識呢？原來小乘佛教時代，只建立六識，到大乘佛教興起，才建立第七識第八識。《阿毘達磨雜集論》是小乘時代的論典，所以談識只說到第六識。

在六識之中，前五識的作用極其明顯，不必再加詮解。惟獨第六識作用複雜，尚須進一步探討。

意識的作用，是「緣法了別為性」。法是法境，也是一切外境，也就是與意識相對的宇宙萬有。法境又稱法塵，以法境能汙染我人的真性，故稱為塵。意識緣法塵而了別，有下列幾個特點。第一是意識能思——緣慮法塵，所以它能分別判斷一切

外境。第二是能了別色法——物質現象的「自相」與「共相」。即單獨自體的形相，與其他形體比較的差別相。第三是它不僅了別現在之事之理，還能了別過去、未來之事之理。第四它不僅是剎那了別，還能相續不斷的了別。第五是它能造成「業果」。

原來八識中的前五識——眼、耳、鼻、舌、身五識，只能了別自己界限以內的東西。如眼識只能緣色，耳識只能緣聲，不能代別種識發生作用。而意識則是前五識中任何一識發生作用，意識即與之同時俱起，以發生其了別作用，這叫做「五俱意識」。譬如說眼之見色，只能了知是色，至於此色是赤是白，則賴意識的分別作用。耳之緣聲，只能了知是聲，至於這聲的內容意義，也賴於意識的分別作用。

仔細的說，意識與前五識同時俱起時，要有五種作用，以緣五識的外境，才能發生其了解分別的作用。這五種作用又叫「五心」。即：

1. 率爾心：這是前五識在剎那間的了別。
2. 尋求心：這是意識因五識的生起而起尋求。
3. 決定心：是意識尋到目標而決定了別。
4. 染淨心：是意識因了別後而生起的善惡染淨之心。
5. 等流心：是因意識的善惡染淨，而前五識與意識於相當時間中同等的流轉，而成就善惡之業。

以上六識，在大小乘佛教中是共同的。釋迦牟尼住世時，印度的其他學派也立此六識，惟不及唯識的精奧。早期小乘行者修持，就只在此六識上下功夫。但求眼不見色、耳不聞聲，以至於意不思法，便達到「灰身滅智」的「涅槃」境界。

五、末那識與阿賴耶識

小乘佛教時代，理論上只建立六識。眼、耳、鼻、舌、身五識是感覺器，第六意識是心理活動的統一狀態。當前五識攀緣外境時，第六意識與之同時俱起，以發生其「了別」的作用。

但當意識發生作用時，其中時時刻刻有一個「我」的念頭存在。如看到美食，「我」想吃；聽到音樂，「我」想聽；這房舍是「我」所擁有，別人不能侵入；這權力是「我」所掌握，他人不能侵犯……。隱藏在意識之後，這個直覺的「我」，到底是什麼呢？經大乘論師們探索的結果，原來它就是意識之根，此根也是一種識，是第六識之後的第七識，梵語名末那識。

但佛教的宗旨是「無我」──破除「我執」的。這意識之後的第七識，它放棄了宇宙的本源，執著於局部的活動，是否為一種錯誤的直覺呢？因此，我人要證得宇宙人生的本源，必須要打破第七識這一關。進一步探索研究，原來在第七識之後，還有一個第八識──宇宙人生的本源，「阿賴耶識」。

在早期小乘佛教時代，雖然未建立第七、八兩識之名，但在論著中已有七、八兩識的涵義，如小乘時代的論著《阿毘達

磨順正理論》卷十一稱：

> 心、意、識，體雖是一，而訓詞等義類有異，謂集
> 起故名心，思量故名意，了別故名識。

以上所說，集起之心約相當於第八識，思量之意約相當於第七識，而了別之識即是第六識。

探索出第六意識之後的七、八兩識，我們再來看看這「心、意、識」三者的作用。

意識的作用，已如前述。這一識，在佛經上稱它是攀緣六塵外境的妄心。這顆心，終日昏昏擾擾，隨塵觸境，起滅無常，起惑造業，永無休止。人生多少煩惱，多少罪惡，都是由這顆妄心造作而來的，但它背後還有一個自私自利的自我意識末那識，意識的起惑造業，是受它背後末那識的影響。

第七識梵語末那識，漢譯為「意」，但易於第六識「意識」相混淆，故保留梵語原音，稱為末那識。

末那識的作用是「恆審」、「思量」。恆是恆常，審是審察；思是思慮，量是量度。它有一個錯覺，執定阿賴耶識中的「見分」為我。而恆審思量，念念不忘。所以它的特點，就是「執我」和「思量」。因為執我，所以和「我癡」——因「無明」故，不知我相的真理曰我癡；「我見」——執四大五蘊假合的身心為真實之我，曰我見；「我慢」——因我見而有倨傲自高的心

理，曰我慢；「我愛」——於所執之我而生貪愛之心等四種煩惱相應不離。

　　末那識屬「潛意識」的範圍，它本身並不造作善惡之業，但因它執著於「自我」這一念頭，所以就成了自私自利、痴迷倨傲的中心，這就影響到第六識的善惡造作。

　　最後的第八識，梵名「阿賴耶識」，譯名有二十餘個之多，但最常用的譯名，叫做「藏識」，「阿賴耶」與「藏」的意義何在呢？《成唯識論》卷二曰：

> 初能變識，大小乘教名阿賴耶，此識具有能藏、所藏、執藏義故，謂與染雜互為緣故，有情執為自內我故，此即顯示初能變識所有自相，攝持因果為自相故，此識自相分位雖多，藏識過重是故偏說。

　　以上這段文字，充滿了佛學上專有的名詞，給今日社會人士來看，一定會覺得文字艱深，辭意隱晦，所以必須加以詮釋。現在只就阿賴耶名稱部分加以注解，其他部分後文再為探討。

　　阿賴耶三字，是梵語音譯，義為無沒，我國譯為藏識。稱無沒者，言其保存一切事物種子，不令失壞；亦因它歷劫生死流轉，永不壞滅。譯藏識者，言其含藏一切事物種子，由此種子起現行，再現起一切事物。同時它有「能藏」、「所藏」、「執藏」三種意義。能藏是含藏的意思，謂一切善惡諸法的種子，

都含藏在此識中；所藏是覆蓋的意思，此識為前七識的雜染法所熏染覆蓋，故前七識為能熏——能覆，此識為所熏——所覆；執藏者，具足應稱「我愛執藏」。這是第七末那識的「見分」，妄執第八阿賴耶識的「見分」，認為是「常」、是「遍」、是「一」、是「主宰」的真實之「我」，而對此「我」，妄生貪愛，這在第七識是能執，此識是所執，故為執藏。

——關於七、八兩識，後文尚有詳釋。

六、百法與三科

五位百法，是唯識學上對宇宙萬法的分類。但三科——五蘊、十二處、十八界也可以相攝百法。因此唯識學上又立有蘊、處、界三科，茲先述五蘊相攝百法：

1. 色蘊：即百法中之十一種色法，計為眼耳鼻舌身等五根，色聲香味觸等五塵，及法處所攝色。
2. 受蘊：即心所有法中遍行心所中的受心所。
3. 想蘊：即心所有法中遍行心所中的想心所。
4. 行蘊：包括五十一種心所有法——減去受、想二法——中的四十九種，及二十四種心不相應行法，計七十三種。
5. 識蘊：即百法中的八種心法——八識心王。

五蘊統攝百法，事實上只統攝九十四種有為法，六種無為

法不在其中。事實上，宇宙萬法，分析到最後，基本上只不過是「色」、「心」二法——宇宙間林林總總的物質現象，和人生中念念生滅的心識活動。

　　不過比較起來，物質現象的法則粗顯易知，心識活動的法則溟漠難彰，所以佛說「五蘊」，約色法為一，開心法為四，把心法說得更為詳盡，如下表所示：

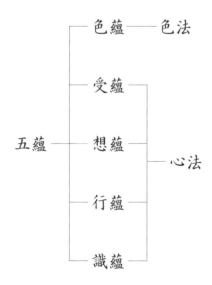

　　惟世間眾生根器不等，迷悟程度不一，有人迷於心而不昧
於物，有人迷於物而不昧於心。對於迷於物者，唯識學上又
立「十二處」——合心法為一個半；開色法為十個半，如下表
所示：

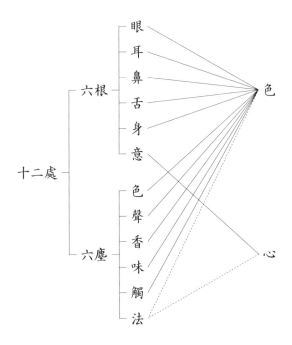

　　但亦有眾生，對色、心二法俱不明瞭者，則唯識學上又立「十八界」——開色法為十個半，開心法為七個半，如下表所示：

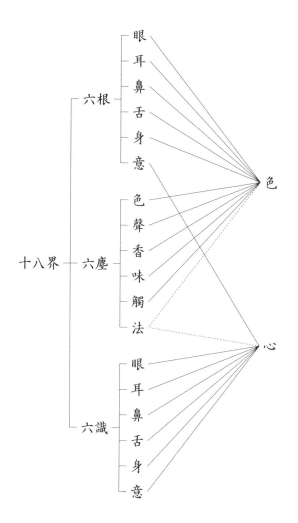

　　以上「五蘊」、「十二處」、「十八界」，合稱為「三科」，關於「五蘊」的詮釋，已於前數節敘述。現在來詮釋「十二處」：

　　十二處包括「六根」和「六塵」。六根是眼根、耳根、鼻根、舌根、身根、意根；六塵是色塵、聲塵、香塵、味塵、觸塵、法塵。

　　六根中的前五根，是生理學上的感覺器官，是色法；意根是生理學上的心理作用──心理活動的統一狀態，是心法。前五根的根，又分內根與外根。外根是我們視覺可見的生理器官，眼的外根就是眼球，耳的外根就是耳朵和耳道，鼻的外根就是鼻子和鼻孔，舌的外根就是口腔和舌頭，身的外根就是全身的肢體。但這只是生理器官，本身不發生識的作用，只能扶助內根發生作用，所以佛典上稱為「扶塵根」。內根名叫「淨色根」，淨色根質淨而細，有如琉璃，肉眼不可見，惟天眼佛眼可見之。這樣看來，內根約相當於生理學上的神經纖維，及中樞神經的神經細胞。不過這些都是「色法」──物質組成的部分。這五根與塵境相對，能「發識」，但本身卻不是「識」。能夠發生「識」的作用的，在此是八識心王的前五識──眼耳鼻舌身五識。

　　色、聲、香、味、觸、法六者，稱為「六塵」，塵是染汙的意思。以色聲香味觸法等，能染汙我人的心識，故稱六塵。塵也有動搖的意思，此六塵生滅變動，故有動搖之義。六塵又稱「六境」，是六根所對之外境，故稱六境。這其中色聲香味觸五

者，為「四大種」所造，屬於色法，而法塵是心識活動所對之境，屬於色、心二法。

色塵是眼根所對的外境，根境相對而生「眼識」。惟此色塵與五蘊中的色蘊大不相同。色蘊的色，範圍極廣，總攝一切色法；而色塵的色，僅限於眼識所對的外境，如青黃白赤、長短方圓等。

聲塵是耳根所對的外境，耳根聲塵相對而生「耳識」，聲境有悅耳的，如美妙的歌聲、感人的音樂；逆耳的，如詛咒、罵詈、刺耳噪音等。

香塵是鼻根所對的外境，鼻根香塵相對而生「鼻識」。香塵有順、違多種，順者如栴檀龍麝之香，違者如糞便穢垢之臭。

味塵是舌根所對的外境，舌根味塵相對而生「舌識」。味塵有甘甜、鹹淡、酸辛、苦辣等多種。

觸塵是身根所對的外境，身根觸塵相對而生「身識」。觸塵如冷煖、滑澀、濕黏、堅柔等，以至於男女肉體接觸的感覺等。

法塵是意根所對、意識所緣的外境。在六根六塵中，前五者容易了解，惟意識所緣的法塵最為複雜，此點留待後文「十八界」中再為敘述。

以上六種塵境，各有「可意」、「不可意」之分。可意的外境使人生歡喜心、生貪戀心，不可意的外境使生憎厭心、生捨棄心。色聲香味觸法六者，都是如此。

六根六塵合稱十二處，處者，出生之義，義謂此為出生六

識之門處，六識以六根為所依，六境為所緣，根境相依，能生長心及心所，故名十二處。十二處又名十二入，入者涉入，根與境互相涉入，故名十二入。

六根六塵之外，更加六識，合稱「十八界」。這六識，是眼識、耳識、鼻識、舌識、身識、意識。

界是界限的意思，《法界次第》謂：

> 界以界別為義，根、塵、識各有界限，如眼以色為界，耳以聲為界，鼻以香為界，舌以味為界，身以觸為界，意以法為界。眼不能越色有見，耳不能越聲有聽……。色以眼為界，以眼所見必色，非聲香等能對眼，故眼識必依眼根而發，餘根不能，而眼根除發眼識外，亦不能發聲等識。推之諸根皆然，界限分明，故名曰界。

此外，界尚有任持、性、種類、因、藏、能持因果性、能取所取被取種子等多種意義，不再贅述。

六識是六根中的意根——即第六識開展而來的。六識加上六根中的「意」，再加上六塵中法塵中的一半，合為七界半，此七界半是有情的心識活動，其他十界半是色法——物質現象。六識中前五識的生起，必須內依於根，外緣於境等多種因素，《八識規矩頌》的前五識頌稱：「五識同依淨色根，九緣七八好

相鄰。」就是說眼識的生起，要具備九緣，耳識生起要具備八緣，鼻、舌、身三識生起要各具備七緣。

十二處相攝百法者，即內五處眼耳鼻舌身，外五處色聲香味觸，攝十種色法。意處攝八識，法處攝五十一種心所有法，二十四種心不相應行法，六種無為法，及一種法處所攝色。

十八界相攝百法者，五根及五境色，攝於眼耳鼻舌身、色聲香味觸十界；八識心王，攝於眼識、耳識、鼻識、舌識、身識、意識、意根七界；心所法五十一，心不相應行法二十四，無為法六，並法處所攝色，攝於法界。

第四章　五法、三自性、中道

一、五　法

　　唯識學是法相宗的宗義。所謂法相，法是一切萬有的總稱，相是萬有的體相、相狀。所謂「體相」，是指諸法的自性；所謂相狀，是指諸法的屬性。唯識學立「五法」、「三性」來分別諸法的自性。這五法、三性，是《楞伽經》所說，而《瑜伽師地論》、《成唯識論》皆有詮釋。這其中，五法是「法」，三自性是「相」，五法三自性，攝釋一切法相之義。茲先述五法。

　　五法的名稱是：一、相。二、名。三、分別。四、正智。五、如如。有為無為一切諸法，悉皆攝入此五法之中。茲分述如下：

（一）相：

　　相者即是相狀，三界之內，一切品類，或妍或醜，有情眾生，無情器界，以及根塵諸法，形狀各別，各有其相。依各自的相狀，始立下種種名稱。

　　宇宙萬有，森羅萬象，全是因緣和合的有為法。有為法，在因緣和合之下而生起、存在，則各有各的相狀。故五法之首，先立萬有之「相」。

（二）名：

名，是依宇宙萬有各自的相狀，立下種種名稱，以表詮諸法者。即相是所詮，名是能詮。所立的名稱，如山河大地、房舍器物、男女老幼、象牛馬羊等，以為相的詮釋，就叫做名。

宇宙萬有及萬有相狀，是我人心識變現而有的所變之境。而詮釋相狀的名，只不過是我人假立的「名言施設」，施設名稱，是為了顯示諸相。

（三）分別：

分別二字，舊譯曰妄想，是心與心所的異名，也就是思量識分別名相二法的「能變心」。對前述名相二法，能思量識別，故名分別。以上三者，全是我人有漏心中的「能變」所變現。

關於「能變心」，後文尚有詮釋。

（四）正智：

正智，是指無漏心及心所，離開妄想分別，觀「名」與「相」，互相為客。離常離斷，如相而知，就稱為正智。以上四種，全是有為法，而有「有漏」、「無漏」的分別。

前述第三位的「分別」，是雜染的了知，是有漏，此處的正智，是了知之心與心所，於所知之諸法相性清淨正確的了知。而清淨正確了知之所知，就是如如。自然是無漏的。

（五）如如：

如如是由前之正智而證得之真如，真如者，真謂真實，顯非虛妄；如謂如常，表無變易。謂此真如，於一切法常如其性，故曰真如。換言之，即諸法相性真實如此之本來面目。

真如又名如如者，謂由如理智證得之真如。這是無為法——非因緣造作之法。

以上五法，是依《楞伽經》所詮釋。所謂「相」，即所見「色」等——即物質之相狀，依此種種相狀，而立出瓶、車等名稱，施設名稱，是為了顯示諸相。

心及心所之法，又名分別。觀「名相互為客」，識心不起，離常離斷，不生分別，入自證處，出於外道二乘境界，就是正智。以其正智，觀察名相非有非無，遠離損益二邊見，名相及識本來不起，就是如如。

再簡單的說一遍：宇宙萬有，一切品類，不論其巨細妍醜，情與無情，以至於根、塵諸法，各有其相，亦皆名為相。依萬有諸相，立出象馬車瓶、男女老幼種種名稱，以表詮諸法，就是名。在此，相為所詮，名為能詮。以上二者，皆是能變的有漏心識所變之境。

分別，是心、心所的異名，就是對前名相二法，能思量識別，是名分別，即是前二法的能變之心。以上三者，就是有漏心識的能變與所變。

正智，是無漏心、心所，離開妄想分別，觀察名相互為客，各無實體自性。這樣離常離斷，非空非有，如理而知，就是正智。以上四者，都是有為法，前三者是有為法中有漏心識的能變與所變，後一種是有為法中無漏心識之所見。

如如，就是由正智所證得的真如境界。真如，謂真實如理，於一切法，常如其性，故名如如，這是無為法。

以上五法，總攝有為無為一切諸法，無有遺餘，所以此「五法」，就是萬法的總稱。

二、三自性

根據唯識學立論，萬法皆為能變心識所變之境，也就是所謂萬法唯識，心外無法。現代的唯心論哲學也這樣說：「存在由認識而來。」因此，一切存在的事物，依照其原始的性質，可分做三類：

（一）妄有性：

這類事物本來沒有本體，是由人假立名相而有的，而人卻普遍執著計較。計較的對象，不外是名稱言說和義理。

（二）假有性：

這類事物，它沒有本身的實體、自性，只是由因緣和合而生起存在的，如以磚瓦木石築成房屋，以泥土和水做成瓶缽，

它們不是自身的存在，沒有永恆的實體。

（三）真有性：

這是諸法的實體、自性，它沒有一切虛妄的和暫時的存在，是一種絕待的、超越的存在。

以上三類，佛學術語稱做「三自性」。

自性，是諸法各自有不變不改之性，是名「自性」。數論外道立二十五諦為宇宙萬有開展狀況順序之根本，其第一諦曰「冥性」，是為宇宙萬有之生因。《成唯識論述記》一曰：「自性者，冥性也，今名自性，古名冥性，今亦名勝性，未生大等但住自分，名為自性。」——文中的「大」，梵語摩訶，是自體寬廣之義，周遍包含之義，又為多、勝、妙、不可思議之義。

唯識宗依《解深密經・一切法相品》，總括諸法之性相為三性，即所謂三自性，這三自性是遍計所執性、依他起性、圓成實性。如《解深密經》云：

> 云何諸法遍計所執相，謂一切法，假名安立，自性差別，乃至為令隨起言說；云何諸法依他起相，謂一切法緣生自性……云何諸法圓成實相，謂一切法平等真如。

《唯識三十頌》云：

> 由彼彼遍計，遍計種種物，此遍計所執，自性無所
> 有。依他起自性，分別緣所生，圓成實於彼，常遠
> 離前性。

以上經論中的話，如果不加以詮釋，不能為一般人所了解，
我們還是用語體文詮釋如下：

（一）遍計所執性：

什麼是遍計所執性呢？遍是普遍，計是計較，合而言之，
可說是「普遍的計較」。這「性」不是附屬於一切萬法的本質，
而是由於我人普遍計較所生的執著。乃是以妄情計較於一切因
緣假合而生的事物，分別執著於其名相——執著於「名稱言
說」，或執著於「義理」，遂妄認為「實我」、「實法」。並且無一
刻、無一處、無一事不執著，時時執著，處處執著。譬如說某
人不識驢，聽人說驢，他便推想計較驢是什麼東西，是什麼樣
子？及至見到了驢，他以不認識故，便又推想這是馬呢？還是
騾呢？再以有人畏蛇，見繩而誤以為蛇，繩本非蛇，但以妄情
迷執計度，遂誤以為蛇。

如《解深密經》云：「云何諸法遍計所執相，謂一切法，假
名安立，自性差別，乃至為令隨起言說。」這是說，一切法，

本無定實，而世間隨其情見，強為立上種種名字，如房舍如器物等，都是隨情計所安立，這只是假名，不能與房舍器物等之實際相稱。所以說是「假名安立」。「自性差別」者，謂假名之自性及差別也！以房舍為例，我人執著此為客室，此為臥室，則此室與餘室名稱差別。「隨起言說」者，謂我人愚痴，隨名執實，須知名自性及名差別者，皆是我人情計施設，若離情計，而冥會諸法之本真，即湛然無相，豈可執為定實？

遍計所執性，可再分為「能遍計」、「所遍計」、「遍計之所執」來說明。能遍計，是第六識的作用。「普遍計較」，遍是說緣境之寬廣，計是說籌度力用之強盛，所以只有第六識有這種作用。第七識是第六識之根，亦有計較，但是它「計而非遍」，它只執著計較自我，不及其他。前五識及第八識，皆「非遍非計」，前五識取境，唯拘於五塵。第八識唯緣根身、器界、種子。故皆非普遍，又皆無計度分別，故皆「非計」。

所遍計，即遍計心等所緣色心諸法，是所遍計。此能遍計之心，與所遍計之境，皆依他起，而心緣境時，於能緣所緣之中間，妄執實有我、法自性，這就是遍計所執。

（二）依他起性：

依他起性的「他」，指的是緣。這是指依因緣和合而生起的世間萬法——一切事、一切理、一切物，本無體性，必須依靠其他事、理、物等諸緣積合而成，它本身並無實體、自性。譬

如說房舍，只不過是磚瓦木石、水泥人工等集合而成。再進一步追求磚、瓦，也不過是水土和合燒焙而成。如此層層推求，則世間一切事物，無不是依靠眾緣——其他事物積聚而成的。這依他起性不是依名生義的遍計所執，所以依「世俗諦」來說，他是實有的，但是依「勝義諦」來說，這些眾緣和合生起的事物，本身無實體自性，所以仍是假有的。

世間的事物是依他而起，我人的心識也是依他而起，《唯識三十頌》云：「依他起自性，分別緣所生。」這「分別」二字，即是心識的別稱。一切心識——八識心王及相應心所，也是眾緣所生法。此處所說的眾緣，即指「四緣」——因緣、等無間緣、緣緣、增上緣而言。心法通依四緣，色法唯依因緣、增上緣。故「百法」中從緣所生之心法、心所法、色法；及於緣生之色、心法上，所假立之不相應行法等，四位九十四法，皆是依他起性——色法、不相應法等，無緣慮分別作用，但以不離心心所故，故亦攝於有緣慮分別作用中，上述的「四緣」，下章詳述。

（三）圓成實性：

圓者圓滿，成是成就，實謂真實，合而言之，就是圓滿成就真實的體性。這圓滿成就的真實之體性，就是百法中六種無為法的「真如」。《瑜伽師地論》云：「謂諸真如，聖智所行，聖智境界。」《唯識三十頌》云：「圓成實於彼，常遠離前性。」

前性，指遍計所執性，彼，指依他起性。此圓成實性，於前所說依他起上，常一切時，無遍計所執的實我實法。故云常離遍計所執性。換句話說，圓成實性，是「二空」——我空、法空之後，所顯的圓滿成就的諸法實性，也就是依他起諸法的實體、自性。

以上三性，遍計所執性是「妄有性」，此性沒有本體，以繩為蛇，只是人心上的想像。依他起性是「假有性」，就像房舍是磚、瓦、木、石所建成，那只是因緣和合生起的東西，並非自身存在，沒有永恆的實體。唯有圓成實性才是「真有性」——諸法的實體、自性。那些妄有、假有，在此是不存在的，此處所有的。是「我空」、「法空」之後，所顯現的圓滿成就的諸法真實之體性——絕待的、超越的存在。

更明白一點的說，遍計所執性，是一種「迷惘的自我」，也就是說，自我對外境的認識，把它實體化、固定化，並且執著著它。我們說到一個花盆，我們心識上立刻塑造出一個花盆的相狀；我們說到一所學校，我們心識上立刻構畫出房舍、器物、球場、學生諸相狀。事實上，花盆、學校只是「名言」，而我們卻把它實體化。

我們把自我實體化，就是我執；把諸法實體化，就是法執。因為一切都被實體化了，所以要執著，要計較。

依他起性，是一種「緣起的自我」。依他起三字，望文生

義,是假藉別的東西所生起——由種種關係條件而生起的事物。這自世俗諦而言,是一種現量的實態。然而這種實態是藉他緣而起,並不是真實的自我。

宇宙人生的本源「阿賴耶識」,是無限的過去熏習累積的一種存在,由無數的善惡種子的熏習與現行,變成現在的自我,而現在的自我,只不過是阿賴耶識的表徵。阿賴耶識有 「四分」,其相分的種子,變現出根身、器界,但必須有見分來認知,由自證分來證實,才有根身器界的存在。並且,與阿賴耶識相應的五種遍行心所,又各有四分。再加上與末那識及前六識的互相關係,我們是生存在如何複雜而又互相關連的內心世界中,這一切,全是依他而起——眾緣生起的存在。

惟有圓成實性,才是真實的自我——悟道的自我。悟道的自我,自我和世界都沒有改變,我們只是把依他起性的自我和世界,確切如實的了知它是「依他起性」的自我和世界,這種確切如實的了知的自覺,就是圓成實性。

把依他起性的世界實體化,就是遍計所執性,如實的了知依他起性,就是圓成實性。同是一個自我,同是一個世界,由於我們認識上的差別,而有「三性」——三個不同的自我和世界的出現。

——在此附帶一談諸法「假」、「實」的問題,在唯識學上,每說到法,便分別此法為假為實。但何者為假,何者為實呢?在勝義諦上說,凡法之無自性者皆是假法——一切有為法,即

因緣和合生起之法，皆是假有之法。但在唯識學上，立四大種、根塵等為實法，種子所生之法，如眼等八識亦為實法，當然這是依世俗諦來說的，而以但依實法上分位假立之法為假法。

假法有三，一者無體假，如說龜毛兔角，以至於梵天神我等等。也就是，凡屬意識想像妄構之法，皆是無體假的假法。二者和合假，眾多極微和合而成如瓶、缽、桌、椅，以至於山河大地，三千大千世界，皆是和合假的假法。三者分位假，就色法說，如長短方圓，高下斜正等，通名之曰分位假。

故遍計所執性者，即無體假；而依他起性者，是和合假。而百法中的二十四種不相應法，為假立於色與心或心所三法，或生變化之分位者，皆是分位假。

三、三無性

宇宙萬法的體性，分做三類，是遍計所執性、依他起性、圓成實性。萬法約之為百法，百法中以八識心王為主體，所以八識心王，也具備這三種特性。

在百法之中，六種無為法，皆是圓成實性。六種無為法，無漏無為，具有離倒、究竟、勝用三義。具有圓滿成就真實的體性，也就是真如法性，這真如法性如何才能夠顯現呢？這要在眾緣和合的「依他起」法上，悟達了「緣起性空」的妙理，除去了「遍計所執」的實我實法之妄執，這時就是圓成實性。

換句話說，那「依他起」諸法的實性，就是那不依他緣而

起的圓成實性;而圓成實性的假相,也就是依從因緣和合所生之法的依他起性,所以圓成實與依他起,是「非異」,也是「非不異」。若說是異,則圓成實應不是依他起的實性;若說不異,則圓成實應與依他起同是無常之法。所以,圓成實與依他起,是「非異」、「非不異」。

說的更明白一點,對於世間以因緣和合「依他起」的事事物物,迷執為「實我實法」,這就叫做「遍計所執」;知道「緣起性空」,一切事物以因緣和合而有,無實體,亦無自性,這就叫做「圓成實」。可見所謂「遍計所執」和「圓成實」者,不過是在對「依他起」諸法或迷或悟的差別而已。

這「三自性」的定義,若是換一個名詞來解釋,也可說是「三無性」。三無性的名稱是「相無性」;「生無性」;「勝義無性」。三自性,是依照「有」的觀點來說;三無性,是依照「非有」的觀點來說的。

首先說「相無性」,相無性是依遍計所執性所立的。相是體相,無性是無自性。遍計所執諸法的體相,不過是迷情上所現的妄相,體非實有,譬如鏡中之花,如《解深密經》云:

此由假名安立為相,非由自相安立為相,是故說名相無性。

智周於《大乘入道次第章》釋之云:

遍計無其體相，名相無性，而言相者，依名假立，
非是遍計有體相故，方立為相。

世間萬法，雖然各有假相，但是沒有本質，沒有實性，我
人所執著的，只是依相而立的假名。世界上本來沒有龜毛，而
有人偏想著龜會生毛，甚至於看到兔毛他就以為是龜毛。草繩
雖然和蛇有點相像，事實上它是草繩，不是蛇。其相不是實有
的，所以此相並無自性。

為了使人了解這遍計所執性的虛妄，唯識學上說這些假相
全是如幻、如化、如夢、如影、如陽燄、如回響，全不是真實
的。假相就是幻相，它是無實體、無自性的。

次說「生無性」，生無性是依依他起性所立的。凡是一切有
為法，都是從眾緣和合所生起的。既然是眾緣所生，那麼離開
了眾緣，就沒有一個固定不變的自性。《解深密經》云：

此由依他緣力故有，非自然有，是故說名生無性。

《大乘入道次第章》釋之云：

依他不以自然之法而生，名生無性。

譬如說草繩雖然有草繩之相，有草繩之用，但它只是草經

人手編織而成，它是從因緣生的，並無繩之實體。

簡單的說，凡是從因緣而生的事物——就是依他而起的事物，都是無實體、無自性的，所以稱生無性。

最後說「勝義無性」，勝義無性是依圓成實性所立的。圓成實性，就是真如，真如為圓為常，為一切有為法的實性，故名圓成實性。圓成實性為絕待之法，故不帶任何等之相，如麻中無蛇及繩之相，即空真如——虛空無為，因此說勝義無性。因為這是一切事理平等無差的本體，在最妙勝的義理上，一切萬象無有的差別。如《解深密經》云：

> 一切諸法，法無我性，名為勝義。亦得名為無自性性。是一切法勝義諦故，無自性性之所顯故，由此因緣，名為勝義無自性性。

《次第章》釋之曰：

> 真如是無我性，體即勝義而非無性，然因我法二空所顯，從彼能顯二空為名，亦名無性。

勝義是勝於世間俗義的究竟妙理，並非無性，但因它所顯的是我、法二空妙理，從它能顯我法二空為名，所以說勝義無性——勝義若有性，就不是絕待的勝義了。

　　三自性、三無性，是宇宙萬有的實相。一切萬有上，一一皆有三自性、三無性這兩種意義。這就是「非有非空」的中道。

　　中道又是什麼？中者不二之義，絕待之稱。是離開空，有二邊，無增無減。《成唯識論》云：「遠離增減二邊，唯識義成，契會中道。」自唯識學的立場來看，唯識就是中道。但自廣義的中道來說，又可分為「言詮中道」和「離言中道」兩種。

　　言詮中道，是藉語言文字來詮顯中道妙理的，這又可分為兩種：一是「三性對望中道」，一是「三性各具中道」。所謂三性對望中道，就是依三性對望，非有非空，立中道義。

　　先說三性對望，遍計所執，當情現相，體、性均無，是非有；依他起性，因緣生法，是如幻假有，而圓成實性，為諸法實性，是真空妙有，故非空。如此，遍計所執是空，依他、圓成是有，空有相對，來顯示非有非空的中道。

　　三性各具中道，是說這三性本身各具非有非空二義。遍計所執，情有故非空，理無故非有；依他起性，如幻故非有，假有故非空；而圓成實性，真空故非有，妙有故非空，如此，三性各具非有非空二義，也就是中道。

　　《成唯識論》云：「我法非有，空識非無，離有離無，故契中道。」

　　三性相望中道也好，三性各具中道也好，皆是藉著語言文字，以說空說有，非空非有，來詮顯中道的妙理，這些都是言詮中道。至於理、智冥合的真勝義諦，為無分別智自所內證，

不是言詮之所及，及情識之所測。所謂：「有無俱非，心言路絕。」這叫做離言中道，也才是真正的中道。

四、中　道

　　三自性、三無性，是宇宙萬有之實相。宇宙萬有，一一法上皆有三自性、三無性兩種意義，這就是非空非有的中道。

　　所謂「中道」的中，是不二之義，絕待之稱。是離開空，有二邊，無增無減的意思。《成唯識論》云：

　　　遠離增減二邊，唯識義成，契會中道。

　　中道，是佛法的心髓，在佛教中，大乘、小乘、空宗、有宗、顯教、密教，莫不重視中道，也莫不以行中道法自許。如法相宗以唯識為中道，三論宗以八不為中道，天台宗以實相為中道，華嚴宗以法界為中道。現在我們來探討，中道的真義究竟何解。

　　中國儒家有《中庸》一書，程子註釋中庸二字，曰：「不偏之謂中，不易之謂庸。」佛教的中道，可就是儒家中庸的意思嗎？不，完全不是一回事。儒家的中庸，是世間法中立身處世的標準；佛教的中道，是出世間法中用以說明一切法究竟實相的詞句。中道的中，不是不前不後，不左不右，不上不下的中，也不是折中於二者之間之中。中道的中，是蘊含著圓滿、究竟、

真實、無欠缺、無過失的意義。

　　中道的中，是不落於空有二邊的中——以善能了知即有而空故，遠離自性見，不執一切法為實有，故不落於有邊；以如實通達空不礙有故，不起斷滅見，故不落於無邊，不落於空有二邊，就是中道。

　　大乘空宗以「緣起性空」來解釋中道，如《中論》偈云：

　　　　因緣所生法，我說即是空，亦名為假名，亦是中道義。

　　因緣所生法，無自性、無實體，緣聚則生起存在，緣散則變異壞滅，故性空。所以緣起性空，就是中道，但並不是在緣起、性空之外另有一個中道。而是說，即緣起、即性空，就是中道。龍樹菩薩《迴諍論》中說：「佛說空，緣起、中道為一義。」

　　現在我們再來看看法相唯識宗中，對中道的解釋：

　　照唯識學上說，世間一切諸法，每一法都具足三性——遍計所執性、依他起性、圓成實性；也都具足三無性——相無性、生無性、勝義無性。因此，一切法中的每一法，全是既不能肯定為有，也不能肯定為空，這就是非空非有的中道。

　　若就三性的中道來說，遍計所執性是由我人的虛妄分別，顯現於妄情上的「體相都無」的假法。而依他起性和圓成實性則不同，其體並非全無，因為依他起性是「因緣所生法」，雖然

沒有自性、實體，但仍具有假相。圓成實性是諸法的體性，是遠離一切所執的實法。所以在三性中，遍計所執雖然是空，而依他起和圓成實卻是有。故空有對望，那非空非有——真空妙有的中道即由此建立。這在唯識學上叫做「三性對望中道」。

其次，唯識學上尚立有「三性各具中道」說。這是依三性法爾各具的非空非有二義，立中道義。即遍計所執性，是情有，故非空，理無，故非有；第二依他起性，如幻，故非有，假有，故非空；第三圓成實性，真空，故非有，妙有，故非空。如此於三性一一各具非空非有的中道。

以上二重中道——三性對望中道與三性各具中道，如下表（一）、（二）所示：

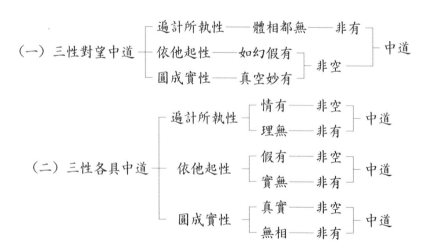

以上二重中道，如果以言語來詮顯的，叫做「言詮中道」，

如果以無漏智所體證的真勝義諦，這是無分別智自內所證，非言詮之所及，亦非情識之所測，在此不能附以空或有之名，可說是言亡慮絕，這叫做「離言中道」。

第五章 八 識

一、人類的感覺器官──前五識

本文在五位百法中，曾探討「八識心王」，在五蘊中，曾探討「受、想、行、識」，何以現在又來討論「八識」呢？因為唯識學的重點，所探索討論的就是這個「識」，所以說來說去，不能不繞著這個「識」兜圈子。

識者，心之異名。探討識，事實上就是探索我們的內心──唯識學本來就是探索內心的學問。而我人的內心，又是最不可捉摸、不易了解的東西。我們究竟如何探索呢？我們仍照著八識的層面，自表層往深處探索。

在探索內心，首先接觸到的，是我人的感覺器官──前五識。也就是眼、耳、鼻、舌、身五識。這五種識，是人體接受外界資訊的前站，我人的見、聞、覺、知，是透過這五種識而進我人的內心──較深一層的內心，即第六識意識。在前五識中任何一識發生作用時，意識與之同時俱起，生起其「思維」、「了別」的作用。

為了把「八識」解說得更具體一點，我們以唐三藏玄奘大師所著的《八識規矩頌》為依據，來探討八識。玄奘大師的《八識規矩頌》，以十二首七言詩似的形式，來說明這八個識的「性」、「量」、「境」、「緣」，這八個識所屬的心所，以及這八個

識的作用。語云:「不以規矩,不成方圓。」我們現在依照奘師的《八識規矩頌》來探討八識,並先自前五識探討起:

前五識頌

(一) 性境現量通三性,眼耳身三二地居,
　　　遍行別境善十一,中二大八貪瞋痴。

在唯識學上,有「三境」、「三量」、「三性」等名相。三境,是「性境」、「帶質境」、「獨影境」,此留待後文詮釋。三量,是「現量」、「比量」、「非量」。現量如鏡之鑑物,無分別計度,而量知現前之境。這譬如眼之於色、耳之於聲,即前五識緣五境,於最初一剎那,沒有起隨念和計度分別以前,就是現前量知。其實,以現代語言文字來表達,現量,就是直觀的來認知對象。比量,是對於不現顯之境,比較分別而量知者,如見煙之處知必有火,這是第六識意識的「比量智」,是用思索、推理去認識事物的方法。非量,是於現在之境及非現在之境,以錯亂之心錯為分別,而認定不實之事物者。即以似現量似比量,而為非量,其實這也就是一種謬誤的現量和比量。

三性,是善、惡、無記。凡是於自於他為順益者,曰善。在百法中信等善心及善心所,所起的一切善業者是;凡是於自於他為違損者,為惡。如貪等惡心及惡心所,所起的一切惡業者是,無記,是非善非惡的中容之法。

八識中的前五識,在三境中但能緣「性境」;在三量中,全

屬於「現量」；在三性中，是善、惡、無記三性兼備，這就是
「性境現量通三性」的解釋。

我人所居的娑婆世界，有欲界、色界、無色界三界。欲界
眾生所居的是「五趣雜居地」。五趣雜居地的眾生五識俱備。但
色界初禪的「離生喜樂地」，因不用「段食」，沒有香、味二境
的存在，所以就只具有眼、耳、身三識。二禪以上，連眼、耳、
身三識都不用了，因為二禪以上，都是常在禪定之中，是一種
精神存在的世界。這是「眼耳身三二地居」的意義。

前五識所屬的相應心所，有「遍行」五，「別境」五，「善」
十一，「中隨煩惱」二，「大隨煩惱」八，「根本煩惱」有貪、
瞋、痴三個，共為三十四個，這是第三四句的解釋。

（二）五識同依淨色根，九緣七八好相鄰，
　　合三離二觀塵世，愚者難分識與根。

眼耳鼻舌身五識，依「淨色根」而生起，前文已述及。但
根塵相對而生識，還要具備「緣」。這生識之緣，在眼識要具備
「九緣」，在耳識要具備「八緣」，在鼻舌身三識要各具「七
緣」。除此以外，還有一個「等無間緣」，是八識各皆有的，不
列在這「九」、「八」、「七」緣之中。眼識九緣，如下表所示：

眼識
- 一、根緣：眼識生起，要依眼根。
- 二、境緣：根境相對，始生眼識。
- 三、空緣：根境之間要有空間距離，否則不能生識。
- 四、明緣：眼識生起，要具光明，黑暗中不能生識。
- 五、作意緣：作意就是注意，是作意心所的作用。
- 六、分別依緣：眼識起，第六意識與之同時生起以分別外境，稱分別依。
- 七、染淨依緣：是依於第七識，第七識亦起作用。
- 八、根本依緣：依於第八識，第八識亦起作用。
- 九、種子依緣：第八識中種子起現行，始生眼識。

　　眼識生起，要具備上述九緣；耳識生起，除光明外，要具備其餘八緣；鼻、舌、身三識，除空、明二緣外，要具備其餘七緣，這就是「九緣七八好相鄰」。

　　鼻、舌、身三識，是「合中取境」；眼、耳兩識，是「離中取境」，如此才可以了別世間色、聲、香、味、觸的境界。這是「合三離二」觀察塵世，但是根與識兩者不同的功用，下愚之人是分別不清的。

（三）變相觀空唯後得，果中猶自不詮真，
　　　圓明初發成無漏，三類分身息苦輪。

　　以上三頌，第一二兩頌，是約前五識在凡夫「有漏位」而說的，這第三頌，是約「轉識成智」——前五識轉為「成所作

智」，入「無漏位」的聖人而說的。有漏無漏的「漏」，是「煩惱」的別名。凡是含有煩惱之事物，謂之「有漏」。事實上，一切世間之事體，盡為有漏法，離煩惱出世間的事體，始為無漏法。

出世聖人——佛，有兩種智。一是「根本智」，一是「後得智」。所謂根本智，就是遣相既盡，證得無相，智體無漏，實證真如，是直接親緣真如的，稱根本智。所謂後得智，即體是無漏，而有分別，是不能直接親緣真如的，所以又名差別智，也就是世俗智，此後得智如果要親緣真如，就要託「二空」——人空、法空——所顯得的「真如」為本質，自己再變起一種「相分」來緣，即是「觀空捨執，執盡真現」，不然的話，不但在菩薩因位中，前五識的世俗智不能直緣真如，就是到了佛果位中，要想前五識轉成「成所作智」來緣「真如」，也是不能詮表顯現出來的。

前五識要「轉識成智」，必須第八阿賴耶識先轉成「大圓鏡智」，然後前五識才能轉成無漏的「成所作智」。

至於「三類分身」一句，就是到阿賴耶識轉成「大圓鏡智」，前五識轉成「成所作智」，這時就能現三類化身——現千丈的勝應身，現丈六的劣應身，以及隨類化身，並且息止了「二種生死」——分段生死和變易生死的苦輪了。

——關於「轉識成智」，後文尚有詮釋。

下列數表，可供參考：

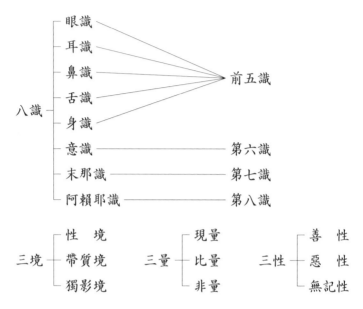

八識示意：

二、心理活動的中心──意識

在眼、耳、鼻、舌、身、意六識中，前五識的作用比較單純而明顯──這前五識，是以五根為所依，以五境為所緣，同依色根，同緣色境，且同緣現在，俱現量得，俱有間斷，此五事相同，故總稱為前五識。惟第六識──意識，作用就比較複雜了，所以要特別詳為詮釋。

前五識都有根、有境，根境相對而生識，那麼意識的根與境是什麼呢？意識所依的根是第七末那識──末那識，留待下節詳述。意識所緣的境是「法境」──即宇宙萬法。

原來第六識的作用，是遍緣「有為」、「無為」一切諸法，生起「思惟」、「了別」的作用，此作用有「五俱」與「不俱」二種。五俱意識，是與前五識並生俱起的意識，此意識明了取所緣之境，故又名「明了意識」。這「五俱」，是：

1. 意識與眼識同時生起，叫「眼俱意識」。
2. 意識與耳識同時生起，叫「耳俱意識」。
3. 意識與鼻識同時生起，叫「鼻俱意識」。
4. 意識與舌識同時生起，叫「舌俱意識」。
5. 意識與身識同時生起，叫「身俱意識」。

所謂五俱，並不是五識同時並起，意識與之並俱。而是或

一俱，或二俱，或三俱，或五俱不定，要看俱緣不俱緣來決定。
並且，五俱意識更有「五同緣」、「不同緣」二種。五同緣意識，
是與前五識俱起，同緣一境的意識。不同緣意識，是雖與前五
識俱起，而緣其他異境的意識。

　　不俱意識，又名「獨頭意識」，是不與前五識俱起，孤獨散
起的意識，其中又分夢中、定中、散位、狂亂四種，其生起的
情形是：

1. 夢中獨頭意識：這是在睡覺時，緣夢中的境界現起的意識。
2. 定中獨頭意識：這是在禪定中、緣定中的境界現起的意識。
3. 散位獨頭意識：這不是在夢中，也不是在定中，就在平
   常的時候，意識單獨生起，或追憶過去，或預想將來，
   或比較推度作種種想像分別，或意念遊走東想西想，就
   叫做散位獨頭意識。
4. 狂亂獨頭意識：狂是癲狂，類似精神病患者，獨言獨語，
   別人不知所以，事實上他的意識是緣著他自己的境界而
   活動，這叫做狂亂獨頭意識。

意識的作用，如下表所示：

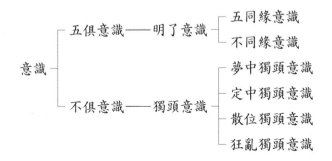

意識
　├─ 五俱意識 ── 明了意識 ┬─ 五同緣意識
　│　　　　　　　　　　　　└─ 不同緣意識
　└─ 不俱意識 ── 獨頭意識 ┬─ 夢中獨頭意識
　　　　　　　　　　　　　　├─ 定中獨頭意識
　　　　　　　　　　　　　　├─ 散位獨頭意識
　　　　　　　　　　　　　　└─ 狂亂獨頭意識

　　上章曾說到，六識各有「五心」，即率爾心、尋求心、決定心、染淨心、等流心。茲再為一述。率爾心者，初念生起，初觀所緣之境，曰率爾心，此唯一剎那間，尋求心者，由於率爾心初緣，尚未知何境，為求了知，生起尋求之心，這時「欲」心所與之相應──欲者希望，「念」心所也同時俱起，憶念過去所經歷之境，與之比擬，以求異同，尋求之後猶未了知，更起尋求，這就通於多念。

　　決定心者，是在尋求心已了知外境，次起決定心，對外境再加印證了解，生起決定。染淨心者，是決定之後，已了知外境，如此，於順境而生樂受，住於善境，於違境而生苦受，住於惡境，於非順非違之「中容境」，住於捨受，於此善惡之境上，生染淨心。此染淨心只是一念，次念即是「等流心」。此等流心，可有多念，但念中若起異緣，又創新境，則等流心不再相續，率爾心即又生起。

我們看《八識規矩頌》中，對意識是怎麼說的：

（一）三性三量通三境，三界輪時易可知，
　　相應心所五十一，善惡臨時分配之。

第六意識，在善、惡、無記三性之中，是三性都有——可為善，可為惡，亦可為無記；在現量、比量、非量三量之中，也是三者全備；在性境、帶質境、獨影境三境之中，也是三者皆通的。

意識的相應心所，有「遍行」五，「別境」五，「善」十一，「根本煩惱」六，「隨煩惱」二十，「不定」四，共五十一，也就是說與心王相應的五十一個「心所有法」，與意識全是相應的。當意識發生作用時，相應心所中的信、精進、慚、愧、無貪、無瞋、無痴、輕安、不放逸、行捨、不害等善心所與之相應者，就是三性中的善性；當意識發生作用時，與之相應的心所是貪、瞋、痴、慢、疑、不正見，以及二十隨煩惱中任何一心所與之相應，就是三性中的惡性。至於意識發生作用，善、煩惱等那些心所與之相應而發生作用，這是看所緣的「法境」而臨時分配的。

（二）性界受三恆轉易，根隨性等總相連，
　　動身發語獨為最，引滿能招業力牽。

意識對「三性」、「三界」、「五受」，是恆常轉變而更易的。

因為它有時為善，有時為惡，有時是不善不惡的「無記」——它有時有愛，有時有憎，有時是非愛非憎；它有時在「欲界」，有時在「色界」，有時在「無色界」；它有時感到「苦受」，有時感到「樂受」，有時感到「喜受」，有時感到「憂受」，有時是不苦不樂的中容境「捨受」，這就是「性界受三恆轉易」。

這第六意識，有時「根本煩惱」生起，有時「隨煩惱」生起，有時則「信」等十一善法生起，互相牽連，就是「根隨性等總相連」。

我人起心動意，語言行動，皆成「業種」。行為是「身業」，語言是「語業」，起心動意是「意業」。此三者中，以意業為主，是為「動身發語獨為最」。

這第六意識，時時造「引業」的總報，和「滿業」的別報。引業，是吾人一生中所造種種善惡邪正之業，其中最主要者，能招引來生「四生」、「六道」之果者，叫做引業；其他一切業相，如身體強弱、壽命長短、貧富貴賤等各自差別之果報，叫做滿業。引業所受的是總報，滿業所受的是別報，就是「引滿能招業力牽」。

（三）發起初心歡喜地，俱生猶自現纏眠，
**　　遠行地後純無漏，觀察圓明照大千。**

在唯識學的修行中，要歷經十住、十行、十迴向、十地以至證得佛果，共四十一階位。這四十一階位，是由資糧、加行、

通達而「見道」，入十地位，就是修道的階位。十地中的初地名歡喜地。而此第六意識，在進入歡喜地「入心」的階段，「分別我執」雖已伏住不起，而「俱生我執」還是眠伏在阿賴耶識裡面。一直要到第七地「遠行地」之後，俱生我執的現行與種子才完全斷絕，這時第六識由有漏轉變為無漏，「轉識成智」，由有漏的意識，轉成無漏的「妙觀察智」。

妙觀察智能善觀諸法自相共相，攝觀自心，引生無量功德，及觀有情心行差別而說法，皆能如理如量方便善巧，而無遺失，故能圓滿明淨，普照三千大千世界，說一切法、斷一切疑、度一切眾生皆得利樂。

以上三頌，第一二頌也是約意識在凡夫有漏位而說的，第三頌是約「轉識成智」──轉為「妙觀察智」，入無漏位而說的。

三、自我意識的中心──末那識

在八識中，第七識名「末那識」。末那是梵語，譯為「意」。但易與第六識相混淆，故保留末那原音。《成唯識論述記》二十五云：「末那名意。」卷三十云：「第八名心，第七名意，餘識名識。」何以前六識名識，而此識特別名意呢？其中有兩重意義，第一是「審思量」義，它任運審慮思量，而行相深細；第二是「恆」義，此識恆行，無有間斷。此識以第八識為所依，

同時它又緣第八識的「見分」為自我，即恆時審慮思量這個自我，念念執著。《成唯識論》卷五稱：「恆審思量，正名為意。」

　　第六識意識也有思量作用，但意識的思量有間斷，非「恆審思量」。第八識自無始以來，任運相續，似一似常，但它「恆而不審」。前五識是非審思量，且亦不恆，惟有此識是恆審思量，執持自我，而念念不忘。

　　小乘佛教時代只立六識，沒有七八二識，大乘佛教立宇宙人生之本源第八阿賴耶識，同時亦立第七末那識。《成唯識論》云：「由有末那，恆起我執。」這是立第七識的義據，唯因末那識執持自私自利之我執，遂令前六識皆成染汙。《顯揚聖教論》十七云：「染汙末那為依止。」即謂第六識以末那為根，而末那是染汙法！執持自我，遂使前六識亦執持所緣境相，自造惑業，而起纏縛。

　　第七識對自己本身來說，叫做「識」，但若對第六識來說，又叫做「根」。第六識的「意識」，是「依主」得名，是「意根之識」。第七識亦譯名「意」，是「持業」得名，這是兩者的不同之處。

　　第七識本來有十八個相應心所，但與之關係最密的是根本煩惱中的貪、痴、見、慢四個心所，其中尤以這個「痴」心所，是由「根本無明」與「分別無明」而起的，這就是「我痴」，由我痴而生起「我見」、「我慢」、「我愛」，這就更使第七識戴著有色眼鏡去觀察第八識，把第八識中的「見分」，誤認為是「一」、

是「常」、是「遍」、是「主宰」的實我。我們看《八識規矩頌》中是怎麼說的：

第七識頌

（一）帶質有覆通情本，隨緣執我量為非，

　　八大遍行別境慧，貪痴我見慢相隨。

這是說，第七識在「三境」中，是「帶質境」，以第七識的「見分」，去緣第八識的「見分」，即是「以心緣心真帶質」。「帶質境」，後文尚有詮釋。

第七識在善、惡、無記三性之中，是「無記性」。又因為它與四種根本煩惱——我痴、我見、我慢、我愛——相應，所以叫做「有覆無記」。也就是說，有這四種根本煩惱「蓋覆」著它。「情」是「有情」，指人而言；「本」是「根本」，即第八識。合起來說，就是此識通於有情的生死根本——第八識。這就是「帶質有覆通情本」。

隨緣，是說第七識隨著因緣任運而轉，不假外力，而執第八識的見分為「一」、為「常」、為「遍」、為「主宰」的實我，其實第八識的見分根本不是一、常、遍、主宰的實我，這種執著是錯誤的。此第七識是能緣，第八識的見分是所緣。這兩者的見分都是「依他起性」，無常無主，如幻如化，並非是實我。以其「隨緣」、恆「執我」故，非「我」執「我」，於境妄計，故於「三量」中為「非量」。這就是「隨緣執我量為非」。

第七識的相應心所，有「大隨煩惱」——即是不信、懈怠、放逸、惛沉、掉舉、失正受、不正知、散亂八種；「遍行」——即是觸、作意、受、想、思五種；「別境」中的慧心所，再加上「根本煩惱」中的貪、痴、見、慢，共是十八個相應心所，就是「八大遍行別境慧，貪痴我見慢相隨」。

（二）恆審思量我相隨，有情日夜鎮昏迷，
###　　　四惑八大相應起，六轉呼為染淨依。

這個第七識，是以思量為「性」，也是以思量為「相」。性是體性，相是行相，第七識雖是以思量為體性和行相，但在思量上尚要加「恆審」二字，因為它是恆常的、不間斷的審察、思量。前面說過，第六識有審察而非恆常，第八識是恆常而不審察。前五識既非恆常，也無審察，唯有第七識是「恆常」、「審察」。

第七識究竟恆常的審察思量些什麼呢？它是以「思量我相」為用。就是恆常的審察思量著第八識為「我」，時時刻刻相隨著第八識。這就是「恆審思量我相隨」。

有情——有情識情愛的眾生，從無始以來，日夜如在夢中，鎮守昏迷，從不覺悟。何以故呢？因為「四惑」——即貪、痴、見、慢，和八大隨煩惱，與此識相應生起，執著一個自私自利的我相，才使有情昏迷顛倒的。

「六轉」，是六個轉識，也就是前六識，轉是轉變和轉易的

意思。第七識染汙，前六識也轉為染汙；第七識清淨，前六識也轉為清淨。所以前六識稱第七識為「染淨依」。由於此識染汙故，前六識亦染汙，前六識雖行善，亦是「有漏」，必須此識清淨，成為「無漏」，前六識乃得成為「無漏」也！

（三）極喜初心平等地，無功用行我恆摧，

###　　　如來現起他受用，十地菩薩所被機。

第七識如果要「轉識成智」，必須要到「初地歡喜地」——「極喜地」，入於「初心」的時候，才能轉成「平等性智」，觀自他有情，及一切諸法悉皆平等；由觀「自他平等」故，大慈悲等恆共相應，這時即無「我執」。由觀「諸法平等」故，「無住涅槃」之所建立，這時即無「法執」。到此境界，即可任運自然，不必再加勉強，即是「無功用行」，而所執著的「我相」當然已被摧破了。

到了上述的境界，「或正等覺」，從「如來」的「法身」，而現起了「報身」，亦即「受用身」。

受用身有二種，一者，「自受用身」，即是諸佛自住法樂的境界；二者「他受用身」，那是為從初地到十地的「地上菩薩」說法，便得到大乘法樂。「地前菩薩」及「二乘」、「五趣」等，是皆不能受用的。

四、宇宙人生的本源——阿賴耶識

八識中的第八識，是「阿賴耶識」。

阿賴耶三字，是梵語的音譯，義為「無沒」，我國譯為「藏識」。稱「無沒」者，謂其保存一切諸法種子，不令失壞；亦因它歷劫生死流轉，永不壞滅。譯「藏識」者，以其能含藏一切色心諸法種子，變現有漏無漏一切諸法，它自無始以來，常恆現起，以第七識為所依，以種子、根身、器界為所緣。

藏識的藏，有三種意義，約能藏一切法的種子方面說，叫做「能藏」；約受前七識「現行法」熏染方面說，叫做「所藏」；約被第七識執著為「我」方面說，叫做「執藏」。執藏又名「我愛執藏」，這是第七識妄執第八識的「見分」為「我」，而深為愛著。此在第七識為「能執」、第八識是「所執」，故名我愛執藏，由於具此三藏之故，所以名此識為藏識。

此外，這個第八識還有許多種意義，所以在經論中隨其義別，又立出種種名稱。例如《成唯識論》中舉出七種名稱，是一、心識。二、所知依。三、種子識。四、阿賴耶識。五、異熟識。六、阿陀那識。七、無垢識。而在《唯識樞要》中，舉出十八種名稱，曰一、無沒識。二、本識。三、宅識。四、藏識。五、種子識。六、無垢識。七、執持識。八、緣識。九、顯識。十、現識。十一、轉識。十二、心識。十三、所知依。十四、異熟識。十五、根本識。十六、分別事識。十七、窮生

死蘊。十八、有分識。

　　在以上許多名稱中，摘錄部分加以詮釋，「顧名思義」，由這些異名中來認識它的功能和作用。

1. 本識：此識是萬法的根本，故名本識。

2. 種子識：此識含藏萬法種子，能生起一切法，故稱種子識。

3. 第一識：八識順序，由本向末數，此為第一識。

4. 宅識：是阿賴耶識的別義，言此識是種子的房宅。

5. 現識：言萬法由本識現起，故稱現識。

6. 阿陀那識：梵語阿陀那，是執持之義，謂能執持種子，及執受根身等。

7. 所知依：「所知」就是雜染清淨諸法，此識是諸法之所依。

8. 神識：佛法上本無「神我」，而此識含藏萬法，功能殊勝，故名神識。

9. 異熟識：此識能引生死善不善的異熟果報，故名異熟識。

10. 無垢識：此識有染淨二分，從有漏種而生者，是染第八識，即阿賴耶識；從無漏種而生者，是淨阿賴耶識，即無垢識。阿賴耶識捨染得淨，體性無垢，鏡智相應，故立此名。

　　以上多種名稱，本是一體，隨義差別，始立多名。此外，阿賴耶尚有三相。一者「因相」，「能藏」即是因義。此識藏諸法種子，而種子是諸法之因，故曰因相。二者「果相」，「所藏」即是果義。藏識「受熏」，而為種子所藏，以「受熏」對「能熏」來說，即為果──「能熏」、「受熏」，留待後文詮解──三者「自相」，自相亦稱自體，以其攝持因果二相為自體，故曰自相。攝是「包含」之義，包含因果二相為自體；持是「依持」之義，以「總」為「別」所依持，「總」即自相，別即因果二相。別為總所包含，總為別所依持，故曰攝持。

　　復次，此識有二位，一是有漏位，二是無漏位。有漏位者，謂眾生無始以來，恆是有漏種子起諸現行，清淨的無漏種子被覆障，不得生起，因而是有漏位；無漏位者，謂諸眾生，若勤加修持，登入「十地」之位，清淨種子漸次現起，有漏的染汙種子漸次伏除，登入第八「不動地」位，煩惱除盡，由除盡就捨去阿賴耶識之名，唯得說名無垢識。但所謂捨去阿賴耶之名，只是捨去第八識中的染分，而其淨分就是「無垢識」了。《如來功德莊嚴經》有頌云：「如來無垢識，是淨無漏界，解脫一切障，圓鏡智相應。」指的就是第八識的淨分而言。

　　八識種種名義，如上所述，於此再看《八識規矩頌》中對此阿賴耶識的分析：

第八識頌

（一）性唯無覆五遍行，界地隨他業力生，
**　　二乘不了因迷執，由此能興論主諍。**

此第八識，在「三性」之中，不是善性，不是惡性，是非善非惡的無記，不過，第七識的無記是「有覆無記」，以其有我痴、我見、我慢、我愛四煩惱所覆；第八識的無記是「無覆無記」，因為它沒有為以上四種煩惱所覆障。

無記，就是事物之性體中容，不可記為善，亦不可記為惡，曰無記。但另一種解釋是：感善果不可記，感惡果亦不可記者，曰無記。《成唯識論》五曰：「於善不善損益義中，不可記別，故名無記。」《大乘義章》七曰：「解有二種，一對果分別，中容之業不能記得苦樂兩報，故名無記。二就說分別，中容之業如來不記為善為惡，故名無記。」末那識因有四煩惱覆障，是有覆無記。阿賴耶識是無覆無記，無覆無記又分為四種，稱異熟無記、威儀無記、工巧無記、神通無記。這其中可以異熟無記為代表。

異熟，就是過去諸善不善所招的果報——目前存在的生命個體。過去的善惡之業為異熟因，所招的總報別報為異熟果。而作為果報識的阿賴耶識，其自體卻是「無記」——無記，就是非善非惡。同時，現在受善惡業力熏習的種子，儲存於阿賴耶識中時，其體性也是無記。所謂「因是善惡，果是無記」。

　　由善惡的業力招感得今生的總報別報，但阿賴耶識卻是無記，這表示什麼？是不是說，人之初，其性非惡非善，一切在你自己從頭做起，你可以為善，也可以為惡，這就全在你的自覺了。

　　再者，作為種子儲藏庫的阿賴耶識——對未來的關係來說，應該稱做種子識——其體性是無記。而善惡業力熏習的異熟種子儲入識中時，其體性也是無記。這好比一座倉庫，倉庫本身是非善非惡的，倉庫中所儲藏的貨品也是非善非惡的——不論它是奶粉或海洛英。但奶粉或海洛英離開倉庫使用時就有了善惡，前者是哺育生命，後者是毒害人體。

　　第八識的相應心所，只有「遍行」中的觸、作意、受、想、思五個，八識之中，此識的相應心所最少。這是「性唯無覆五遍行」。

　　「界地隨他業力生」句，界是「三界」，地是「九地」，「他」是指前六識而言。「三界」，是凡夫生死輪迴的世界，此世界又分為三，一者欲界，為婬欲與食欲之有情所託以生存之場所。二者色界，色是質礙義，即有形之物質，此界在欲界之上，是離開婬、食二欲之有情所託以生存之場所。三是無色界，此界無婬、食二欲，亦無物質存在，惟以心識住於深妙的禪定中，事實上就是一個「精神世界」。

　　「九地」，是「三界」再加以劃分，即欲界一地，色界及無色界各劃分為四地，欲界一地名五趣雜居地，色界四地名離生

喜樂地、定生喜樂地、離喜妙樂地、捨念清淨地。無色界四地，是空無邊處地、識無邊處地、無所有處地、非非想處地。這「三界」、「九地」，如下表所示：

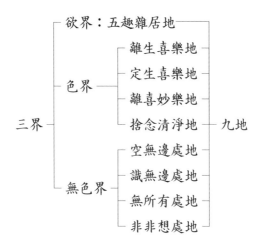

業力的「業」，梵語羯磨，是身、口、意善惡無記之所作。其善性、惡性，必成苦樂之果。即善業有生樂果之力用，惡業有生苦果之力用，《有部毘奈耶》四十六曰：「不思議業力，雖遠必相牽，果報成熟時，求避終難脫。」

第八識受諸識熏習，但本身無造作，造作的是前六識，前六識造作什麼業，受業力牽引要生到什麼地方去，此第八阿賴耶業本身不能自主，只能「隨他業力生」而已。

「二乘不了因迷執」，二乘，指的是「聲聞乘」與「緣覺乘」。佛教出世三乘，是聲聞乘、緣覺乘、菩薩乘。聞佛之聲

教，觀四諦而生真空智，因斷煩惱者，稱聲聞乘；未聞佛之聲教，獨自觀十二因緣而生真空智，因斷煩惱者，曰緣覺乘。這二乘的聖者，雖然「我執」已斷，但「法執」未破，「所知障」尚存，所以對阿賴耶識的境界，還是迷昧而不明了，所以執著的說沒有此識。而大乘唯識論師，主張有阿賴耶識，這就不免引起大小乘間的諍論了。

（二）浩浩三藏不可窮，淵深七浪境為風， 受熏持種根身器，去後來先作主翁。

這第二頌的首句，是說此阿賴耶識的境界，有如浩瀚大海，無邊無涯，不可窮盡。「三藏」，即是能藏、所藏、執藏，也就是說此阿賴耶識。

第二句「淵深」是喻第八識有如深淵，「七浪」是喻前七識有如波浪，「境」是指一切境界，此一切境界有如大風，吹向深淵之水，掀起波浪。

第三句的「受熏」，是指第八識受前七識的染法所熏習。「持種」，是前七識的現行法，熏到第八識中變成種子，它能執持「根身」、「器界」。

末句的「去後來先作主翁」，指此阿賴耶識，是業力的「受報主」，也是生死輪迴的主體。眾生在死亡之時，到「身冷盡」後，此阿賴耶識才離開肉體，它是最後才去。但是在投生的時候，它又最先投入母胎──「納識成胎」。它是生死輪迴的主

體，所以稱它是主人翁。

（三）不動地前才捨藏，金剛道後異熟空，
###　　　大圓無垢同時發，普照十方塵剎中。

　　大乘菩薩修行之階位，前文已述。不動地是十地中的第八地，「不動地前」，是第七遠行地。菩薩修行，要修到第七地，才能捨棄藏識──阿賴耶識。也就是在修持過程中，入「十地」之位，清淨種子現起，染汙種子漸伏。到了第七遠行地，就能捨棄藏識，稱為「無垢」。但是要捨離「異熟識」──即「善惡業果位」，那要到「金剛道後」，就是到等覺菩薩果位，即將要成佛的時候，這個異熟識才能完全「空」。

　　到了異熟識空，雜染的有漏識──阿賴耶識，就變成了清淨的無垢識了。這時，「大圓鏡智」也同時發現，這「菩提」之光，普照十方塵剎世界。

第六章　種子、現行、熏習

一、萬法種子

在八識章中，說第八阿賴耶識，譯名藏識，此識中藏有一切色心諸法種子，種子起現行，變現有漏無漏一切諸法，所以阿賴耶識是宇宙人生的本源。現在我們探討，這「萬法種子」，究竟是何形相？難道說像瓜種豆種似的，一粒一粒的藏在我人的腦袋殼中嗎？非也，非也，原來所謂「種子」云者，只是阿賴耶識的一種「功能」，它無形無質，但卻能發生「力用」。換句話說，功能，是非物質而產生物質之力用，也就是物理學上所稱的「能」，這種能，是心理活動的潛力，阿賴耶識的種子生現行，現行生種子，一切變現，全是這種功能的力量。

基於上述，因此所謂種子者，是「能」，是「力」，是「用」。世間一切，皆自此能、此力、此用而生起，於此，種子有下述定義：

1. 種子非色非心，只是一種「力用」。

2. 這種力用遍宇宙，故種子亦遍宇宙。一念起用，宇宙萬象森羅。故種子無盡，宇宙亦無盡。

3. 種子無長短大小之分，種子起現行時，「相分」由「見分」而顯示。故識心分別一生，即盡攝全宇宙，無一法

不在識心之中。

於此可知，所謂宇宙萬有皆是從阿賴耶識開發生起，也皆是種子變現而來。阿賴耶識的自體，有能生色心諸法的力用，有如草木的種子，能生芽莖，故稱種子。所生的色心諸法，從沉隱的種子顯現行起，故稱為現行。也就是：力用未起，稱做種子，力用顯起，稱為現行。《成唯識論》卷二曰：

> 此中何法名為種子？謂本識（阿賴耶識）中，親自生果，功能差別。此與本識，及所生果，不一不異。體用因果，理應爾故。

以上這段話，如果加以詮釋和語譯，就是說：

第八識中什麼東西叫做種子呢？那就是說阿賴耶識的自體，有一種潛在的功能，它能夠親自生起各種不同的現行果法。這種能親自生果、功能差別的力用，就是種子。

那麼，這種子和它所生出的現行果法，即本識──阿賴耶識究竟是一體呢？或不是一體──異體？答曰：也不是一，也不是異。原因何在？因為「識」是體，「種子」是用。體是體，用是用，所以非一；但是體是此用之體，用是此體之用。體不離用，用不離體，所以非異。再者，種子是因，現行是果，因是因，果是果，所以非一。然而因是此果之因，果是此因之果，

所以非異。這「非一非異」的道理，本來就是如此。

　　原來所謂「種子」者，只是一種能力——即唯識學上所稱「功能」。我人起心動意，心識念念生滅——也就是剎那生滅，在這念念相續，剎那剎那生滅之際，種子已發生其功能。種子發生功能，叫做「現行」——現行、具足應稱「現行法」。就是阿賴耶識有生一切法的功能，這功能就稱作種子。自此種子生色、心之法，謂之現行，又指其所生之法亦謂之現行。前六識所觸對的宇宙萬有，皆是第八識種子的現行。當前六識與外境相觸對時，現行種子一方面受到外境的「熏習」，一方面剎那即滅，又成為新種子，儲藏在「藏識」——第八識中。在此處，種子是因，現行是果。現行同時又是因，新種子又是果。種子起現行，是剎那生滅，與果俱有。

　　第八識中，藏有萬法種子。這種子自何而來呢？凡有三種說法。一是「唯本有說」，二是「唯新熏說」，三是「本有新熏並有說」。在印度護月論師主張「唯本有說」，謂一切有漏無漏種子，皆自無始以來，「法爾本具」，不是由熏新生，熏習不過能增長養成本來固有的種子。而難陀論師等，倡「唯新熏說」，謂一切種子，皆是無始以來，從現行熏習新生。而護法論師，折衷二說，倡「本有」、「新熏」並有說。謂無始以來，第八識中，法爾自然具有生起蘊處界等諸法之功能；同時無始以來，從種子生起之現行諸法，依七轉識之作用，再熏習其氣分於第八識中，更成此識後時生果功能，是為始起——即新熏種子。

這本有，新熏二種子，相待相助，生起現行諸法。以上三說，以本有新熏並有說較為圓滿。

按，種子——即功能之說，早在小乘佛典中即已言之，惟其說寬泛，自世親建立唯識之說以後，功能的意義便更為實在，成為現行之原因或本質。換句話說，即一切功能，潛隱於現行之後，立阿賴耶識而統攝之。以完成其萬法唯識、識外無法之理論。《中論》有頌云：

> 諸法不自生、亦不從他生，共生亦無性，亦不無因生。

按，法不自生者，蓋諸法自性空故。如稻子之生，以稻種、水土、人工、歲時諸因緣始有，若離諸緣，即不可得稻。故知稻性自空，稻性自空，即不自生。「亦不從他生」者，他指眾緣，眾緣是互相觀待而有，均無自性，故緣性亦空。緣性既空，即非從他生。「共生亦無性」者，若謂自他共生，則自他均無自性實體，自亦不能共生。「亦不無因生」，這是破斥外道的「無因論」者。諸法無因而生，自不應理。然則諸法如何而生？則以種子功能之說，為諸法之因也！《阿毘達磨雜集論》釋此頌曰：

> 自種有故不從他，待眾緣故非自作，
> 無作用故非共生，有功能故非無因。

上頌首句，謂色、心諸法，各從「自種」而生，不從「他」生。此處所指的「他」，是指外道的主神大自在天來說的。外道以世間萬有從大自在天生，故以「不從他」破之。次句謂諸法待眾緣而生，非我所作——外道立「神我」，謂其能作諸法，故以「非我作」破之。第三句是破有部的作用義，第四句破無因論，謂萬法由種子功能而生——即種子的功能為因，待眾緣和合而生。

所謂「功能」者，功者功用，能者能力。以其燃然能生，故曰功能。功能又有多種異名，從其生現行來說，名為「種子」。從其由現識熏令生長來說，名曰「熏習」，亦名「習氣」。又從熏習來說，並不是前法自性不滅，留至後念。而是法之自性、頓滅頓起——即謂初剎那才起即滅，不曾暫時留住。第二剎那即時而起，又不曾中斷，剎那剎那，都是頓滅頓起，生滅之間隙不可測知——有如香滅，餘香猶在，有似前香。但這並不是實物，故又名「氣分」。

這種子、現行、熏習，剎那生滅，像急水瀑流似的連續著——從河流的連續中我們才可看到河水，從電影膠片的轉換中，才可看到我人念念生滅的心識。

二、種子的體性

唯識學建立「種子」之說，在理論上有其絕對必要。因為要建立業力不滅，三世輪迴，就必須要立一法，為業力之所寄

託，以連繫過去現在未來。同時，以修持的力量，除去有漏法的惡種，增長無漏法的善種，也是由凡入聖的條件。因此，種子說即由此而建立。

在《成唯識論》中，為種子的體性立有六義，以限定這種能親自生果的親因緣之意義。具備此六種條件的，方名種子，缺一即不能成為種子。這六種條件是剎那滅、果俱有、恆隨轉、性決定、待眾緣、引自果。茲分述如下：

（一）剎那滅：

所謂種子，只是一種「能力」——即所謂功能。它無體質無容量，不可以色聲香味觸去測量，但在發生作用時——即起現行時，卻有力用。這好比人有千百斤力量，但在不用的時候，則並無形體可見。而此種子起現行時，才生無間即滅。所謂「無間即滅」，它生時即是滅時，中間並沒有「住」的階段。如果有「生」有「住」，則就成為常法，就不是「剎那滅」了。

（二）果俱有：

雖然是剎那即滅，但並不是滅後始有果，而是在剎那生滅之際，「正轉變位，能取與果」——正轉位，有別於過去或未來轉位。與果，以種子現行為因故，名為取果。若果起時，因付於果，名為與果。也就是即因生現果，因果同時，相依俱有。而所謂果，事實就是新熏種子。

（三）恆隨轉：

種子現行，剎那即滅，但並不是滅已即斷，以此種子自性，前滅後生，剎那剎那，相似隨轉——即種子現行與果俱有，又是才生即滅，但在滅了之後，便又由現行結成種子，直接了當的說，這是「種子自類相生」。這種子在阿賴耶識中自類相生，永無了期，這叫「恆隨轉」。然而諸法之中恆時相續者，唯有此第八識，故種子恆時隨此能持之第八識轉起，一類相續，為種子之特性。

（四）性決定：

種子是隨其能熏因力之善惡等性各別決定。即善種決定起善現行，惡種決定起惡現行。此一法則不能改變。

（五）待眾緣：

謂種子要待眾緣和合，種子轉變，方能生現行果。因為此種子功能是「任運而轉」——任自然而運行，雖有種子功能為因緣，然「法不孤起」，必待增上等緣和合，方得生現。

（六）引自果：

此種子非是一因生眾果，而是色法種子仍生色法的果，心法種子仍生心法的果，此一法則不能錯亂。

　　以上六義，其中第一、第三兩義，顯示此種子是生滅法；第二義顯示種子雖與所生果法俱有，但與果法不是一體。第四義顯示此種子自體，是善、惡、無記等性各別。第五義顯示此種子待緣而起現行，不同於外道一切邪執。第六義顯示種子色心體性各別，不相混淆——色法種子仍生色法種子，即相分種子；心法種子仍生心法種子，即見分種子。

　　在此尚有一點要說明的，就是像真如、像阿賴耶識等之有許多異名似的，種子也有許多異名，由於異名太多，使讀唯識經論的人混淆不清，增加不少困擾。茲將種子的異名，略舉數種如下：

（一）種子：

　　種子之義，如本章第一節所述。

（二）功能：

　　種子異名，功者功用，能者能力，以其熾然能生，故曰功能。

（三）習氣：

　　前七識所有的善惡諸業的種種造作，其影響力熏習阿賴耶識，阿賴耶識中留有此種經驗之氣分——或稱之為印象，此種氣分或印象，就是習氣。

（四）氣分：

意義同上。

（五）粗重：

種子異名，即煩惱、所知二障的種子。也就是二取習氣，這是二種生死——分段生死和變易生死的根本，非細非輕，故名粗重。

（六）隨眠：

隨眠二字，在小乘有部指煩惱而言，意謂煩惱隨逐有情，而行相微細，有如睡眠；而在唯識學上指的就是種子。是說種子隨逐有情，眠伏於阿賴耶識中，故稱隨眠。

三、種子的種類

有能力作用，熾然能生者，稱作功能。而此功能又有許多異名。從其能生現行來說，叫做種子；從其由現行熏長來說，叫做熏習，亦名習氣。從其現行剎那滅、果俱有，熏習有如香之熏衣，香雖滅而餘味猶在來說，叫做氣分。從其隨逐有情，眠伏於藏識中來說，叫做隨眠。以其體是染汙，能令身心不輕安來說，叫做粗重。以上種種名稱，說的全是一樣東西——種子。

例如，《八識規矩頌》指第八識謂「受熏持種根身器」，說

它是種子;《唯識三十頌》十九頌謂「由諸業習氣」,稱它是習氣;第二十六頌謂「於二取隨眠」,又稱它是隨眠;而第二十九頌又謂「捨二粗重故」,在此又稱它為粗重。

其實種子也就是阿賴耶識的功能、作用,已如前節所述。但這種子自何而來呢?自世親《唯識三十頌》以後,諸家說法不一。護月持本有說,認為種子是法爾本有,不從熏生。難陀持新熏說,謂由無始現行,熏習故有。護法折衷二說,本有與新熏並俱,遂成定說。

窺基大師糅合十家之說,譯《成唯識論》,採取護法主張者,意謂種子生現行的強盛勢用,雖然剎那乍現,而受現行熏習,同時成果,復成第八識種子,所以新熏之義是不可動搖的。但此無始以來能熏的現行,必有本有的種子為其親因,若沒有親因,就成無因論了。故本有新熏並為建立,在理論上始稱圓滿。

本有種子,是無始以來,即在阿賴耶識中具有的。也就是說,無始以來,阿賴耶識的自體,具有開發生起萬法的功能,這種功能即本有種子,亦稱本性住種。

新熏種子,是無始以來,從種子生起的現行諸法,依七轉識的作用,再熏習其氣分於阿賴耶識中,更成此識後時現行生果的功能,這是新熏種子,又名習所成種。

阿賴耶識中含藏的種子,無量無數,約其類別,有諸種不同的分法,有依體類來分的,有依有漏無漏來分的,亦有依熏

習來分的。茲先述體類的分法：

　　依體類來說，天竺自古即有異義，有主張相、見二分同種的，有主張相、見二分異種的。《成唯識論》折衷於護法的主張，即認為相、見二分各有種子。蓋認為見分是識體的「相用」，即第八識體轉成見分以發生作用，故見分與識體是同種。而相分這一面，除了無質的獨影境，是隨著見分種子外，其餘一切實塵相分，則有其自己的種子，此種子是依見分種子，自生現行——即相分種子仗見分種子而起，見分種子挾相分種子而生。這二類種子，作用差別，性質不同。即見分種子有緣慮作用，相分種子無緣慮作用；見分種子無質礙，而相分種子有質礙，前者是作用上的不同，後者是性質上的不同。因此，見分種子是心法種子，相分種子是色法種子。

　　若依有漏無漏來說，又分為無漏與有漏兩類。無漏種子，是人人本具的成佛種子，這是本有的無漏種子，但要修唯識行至見道位，或小乘修行至阿羅漢位，無漏種子始能顯現。無漏種子，自然全是善性。

　　有漏種子，是三界六趣受生死的種子，依三性說，它是善性、惡性、無記性兼有的。這有漏的色、心二法的種子，若自熏習一面來說，又分為兩種，一種是「名言種子」，一種是「業種子」。

（一）名言種子：

名言種子又稱名言習氣，名者名稱，言者言說，就是分別一切法的名稱言說。名稱言說，可以分別一切法相，可以溝通人與人間的觀念思想，可以著書立說，產生文化。所以一切名稱言說，在社會上世代相傳，自然而然的成為人類共認的習慣——即所謂名言習氣，由此而熏習所成的種子，就是名言種子——因熏習而生的習所成種。

名言種子又分兩種，一者了義名言，二者顯境名言：

1. 了義名言：就是能詮釋義理的名稱言說——諸如名字、名稱、名詞、文字、章句、符號等，用以表達實體的事物，或意象、義理、概念等。實體的事物如瓶、如杯，義理或概念如國家、社會等之名言。語言用以溝通思想，文字本是符號，由語言文字表達或得知事物的本體或概念，就是了義名言。

2. 顯境名言：顯境名言與了義名言相反，它不依名稱言說，而是我人的心識了別境界——以見聞覺知去了別某種境界，或心識變現某種境界，這叫顯境名言。

以上二種名言，都可以熏習現行的種子，成為一種新種子——一種習慣性的潛勢力，含藏在阿賴耶識中，遇緣起現行，作為生起色心諸法的親因緣——種子，也就是生起宇宙萬有的質料。名言種子所生之果曰等流果，所以名言種子又稱等流習

氣。名言種子的性質不是善、不是惡，而是無記。因而它的力量微弱，沒有獨自變現宇宙萬有的力用，必須借善惡業種子的助力，才能變現。換句話說，就是業種子能夠推動名言種子，令生現行，以開展現起宇宙萬有。

（二）業種子：

　　業種子又稱業習氣，業是「造作」的意思，由善惡造作所熏成的種子，叫業種子。這是與第六識相應的「思心所」，依身、口、意三者，所造作的善、不善諸業，熏其與第六識相應的思種子於阿賴耶識中，因善惡造作的勢用強盛，故還熏成種。

　　說業種子為業習氣者，以我人的思想、行為、動作，皆可久而成習——習慣，也就是習氣，《成唯識論》曰：「……而熏本識，起自功能，即此功能，說名習氣，是業習氣，熏習所成。」

　　所以說，習氣就是造作之業留下的一種潛勢力，這種潛勢力留在阿賴耶識中，因緣成熟，即起作用——受果報。業種子所感的果是異熟果，故業種子又稱異熟習氣。

　　在《攝大乘論》中，立三種熏習，即名言熏習、我見熏習、有支熏習。而《成唯識論》以我見熏習攝入名言中，僅立名言熏習與有支熏習。《成唯識論》卷二謂「等流異熟二因習氣」，等流習氣就是名言種子，已如上述。異熟習氣就是業種子，也即是有支熏習。

　　有支，就是「十二緣生」中第十支的「有支」，有支就是業，故有支習氣就是業習氣，也就是業種子。《成唯識論》八曰：

> 有支習氣，謂招三界異熟業種。有支有二，一有漏善，即是能招可愛果業。二諸不善，即是能非愛果業，隨二有支所熏成種，令異熟果善惡趣別。

　　有支習氣的有，又是「三有」——即三界之別名的有，支者「因」義，謂有支習氣——即業種子是三有之因，也是生善惡趣差別之因。換句話說，業種子是異熟果的因，能支配異熟果生於善道或惡道的趣別。

　　事實上，業種子就是思心所的種子，思心所與第六識相應，以造作為性，驅役第六識及與思心所俱起而與第六識相應的其他心所，造作善惡之業，再熏其自種於阿賴耶識中。這種思種子的自體，本是名言，但以其功用不一，能生自果——善思種生善思種，惡思種生惡思種。且能助他類的贏劣無記種令生現行，故同一思種子，隨它功用的不同而名稱亦不同。約自生果一方面來說，叫名言種子，不叫業種子；約自助他類種子生現行來說，叫業種子，不叫名言種子。

　　然而，業種子的受果有盡——受一期異熟果報後即不再感受；而名言種子則生果無窮——名言種子在長劫之中，每一逢

緣，即便生果。

　　至於我見熏習，是指第六、七兩識，虛妄的執著「我」與「我所」之見，所熏成的種子。令有情起自他的分別，此在識論中攝入名言熏習。

　　綜合以上諸說，種子的分類如下列四表所示：

（一）依生起說 ┬ 本有種子，又名本性住種，是先天的，本能的。
　　　　　　　　└ 新熏種子，又名習所成種，是後天的，學習的。

（二）依有無漏說 ┬ 有漏種子，是三界六道受生死的種子。
　　　　　　　　　└ 無漏種子，是入見道時乃至阿羅漢、佛果位的出世種子。

（三）依三性說 ┬ 善種、惡種、無記種 ── 有漏種子
　　　　　　　　└ 善種 ── 無漏種子

（四）有漏種子分類 ┬ 名言種子 ┬ 表義名言 ┐ 即等流種子 ┬ 名言習氣
　　　　　　　　　　│　　　　　└ 顯境名言 ┘　　　　　　└ 我見習氣
　　　　　　　　　　└ 業種子 ── 即有支習氣 ── 亦名異熟種子

四、種子現行的因果

　　種子是儲藏在第八阿賴耶識的自體中，能自生果的功能。這種能生起諸法的種子，是前念的種子，生後念的種子，前滅後生，自類相續，有如瀑流，晝夜不息，這叫做「種子生種子」。這種子在眾緣和合的時候，能生起各自的果法，這叫做

「種子生現行」。當其生現行之際，有強盛的勢用者，於生起之剎那，再熏習各自種子於第八識中，這又叫做「現行熏種子」。

種子起現行時，種子是因，現行是果。而現行熏種子時，現行是因，受熏的新種子是果。這三者，是「剎那生滅，與果俱有」。所以古德有云：

> 種子生現行，現行熏種子，三法（種子、現行、熏習）展轉，因果同時。

種子生現行，現行熏種子，剎那滅，果俱有。受熏的種子成為新種子，新種子又生現行。這種前滅後生，自類相續，有如瀑流，晝夜不息者，就是「恆隨轉」。在這前生後滅的隨轉中，俱有「三法」和「二重因果」。

所謂三法，是能生的舊種子，所生能熏的現行，和所熏的新種子，合而為三。

所謂二重因果者，種子生現行，種子是因，現行是果，為一重因果；現行熏種子，現行是因，新種子是果，又為一重因果。這三法展轉、剎那之間，成二重因果。

這在八識來說，第八識所持的種子為因，生眼、耳、鼻、舌、身、意及末那等七轉識；同時七轉識等現行法為因，生第八識種子，這二者，也是二重因果。

種子與第八識的關係，以體用來說，第八識是體，種子是

用。故攝用歸體，其性都是無記。以因果來說，即種子是因，第八識是果。因為第八識是現行，種子是生因。種子是隱伏於第八識中的能生作用，現行是其所生的果。故種子與第八識的關係，是「不一不異」，已如前文所述。

種子與七轉識——即前七識的關係，是七轉識先起見聞覺知的認識作用後，再熏習諸法及自識的種子於第八識內，所以在此七轉識是因，種子又是果了。

那麼，什麼叫做熏習呢？原來我人身、口所表現的善、惡諸行之法，或意所表現的善、惡思想生起之法，其「氣分」留於第八阿賴耶識中，有如香之熏衣，其身、口、意所現之法，就是現行；而氣分留於阿賴耶識中，就是種子。因現行法於阿賴耶識中留其氣分——也就是習氣、種子、功能——就叫做熏習。

換句話說，所謂熏習，是前七識日常分別向過去、未來、現在及內外一切諸法，起感覺、照了、思慮、分別、愛注、執著的作用，這種種作用的氣分，留附在第八識中，成為一種潛在的功能，就是熏習。也可以說，我人所經歷的一切經驗，必定在潛意識中留下印象，當作未來變現宇宙萬有的質料。這種一次次的經驗就是熏習，也就是一種潛在的功能——種子。

我們更明白一點來說，阿賴耶識的識體，能將經驗的痕跡保留下來。這種將經驗痕跡保留下來的作用，就是熏習。一個人努力為善，這善是一種熏習。一個人習以為惡，這惡也是一

種熏習。做錯事加以掩飾，這掩飾是一種熏習，為惡者心生悔意，這悔意也是一種熏習。熏習不是特意的自覺的創造，而是在不知不覺中自然進行，如人行霧中，他無意使衣服受濕，也不覺得衣服受濕，而事實上他的衣服上已布滿了濕氣。

《大乘起信論》曰：

> 熏習義者，如世間衣服實無於香，若人以香而熏習故，則有香氣。

五、熏　習

熏習的意義，有如上述。由「種子生現行，現行熏種子」，使我們知道因果的重心在種子，而種子的染淨又在熏習。那為善不懈的，善法熏令善種子增長；那習以為惡的，惡法熏令惡種子增長。善種子日增，有漏善種能引生無漏善種，那就是轉染為淨。故向上由善，退墮由惡。而為善為惡，又在於我人心識之一念，故起心動意，一言一行，能不慎乎？

在本章第三節，曾說到種子的類別，有所謂名言熏習、業熏習。而熏習要有能熏與所熏，並且能熏一面要強而有力用，始可影響他法；被熏的一面要弱而力用微，始可受他法影響。阿賴耶識是無覆無記，本身力弱，所以受熏；前七識心心所法，活動力強，所以能熏。

這樣說來，根本識——阿賴耶識是被熏；七轉識——前七

識是能熏。但七轉識是由第八識的種子起現行生起的，在此種子是因，七轉識是果；而七轉識以其見聞覺知的認識作用，再熏習諸法及自識的種子於第八識內，在此則七轉識是因，種子又是果了。

熏習作用，如果換一個方式來說，也可稱作見分熏與相分熏。相分，可以說是客觀的所認識的一面，而見分則是主觀的能認識的一面——也就是見聞覺知能緣性的一面。主觀的能認識的一面是能緣，客觀的被認識的一面是所緣，這兩種作用就構成了認識。而這種認識——屢屢的、無數次的主觀與客觀相對的認識，就是熏習。主觀的能觀事物這一面是見分熏，客觀的被觀的這一面是相分熏。

在此要加以說明的，所謂見分，固然是我們主觀的能認識的識體的一部分，而所謂相分，也是我們主觀的能認識的識體的一部分，並不是識外的形相，而是識外的形相反映到相分上所顯出的形相。這有如鏡子中所照出的形相，而不是形相的本身。

因此，相分熏就是指見分自相分上所看、所聞或思考的對象被熏習。這種現象可以說是一種認識的內容。而第六識的對象是法境，因此，凡是語言、概念、思想、影像等這些被認識的東西全部會被熏習。

至於見分熏，指的是對於所看所聞的主體動作，加以熏習——換言之，能緣的作用即是一種自體的熏習。例如我們看

一幅山水畫，我們把畫的色彩、布局、內容都記下來，這是相分熏；但在看過一部電視劇後，你甚至於忘記了大部分情節和內容，但是你覺得這部電視劇很感動人。這種感動非常深刻的印象遺留在你的內心，這是見分熏。

照唯識學的解釋，我人身口所現之行為，或心意所現之思想，其氣分留於阿賴耶識中，如熏香之於衣服。其身口意所現的行為或思想，叫做現行法。其氣分留於阿賴耶識，叫做種子或習氣。這就是熏習。《成唯識論述記》一曰：「熏者擊發意，習者數數意，由數數熏發有此種故。」

在熏習中，能熏者是前七識，所熏者是第八識。並且，能熏者與所熏者各要具備四種特性。《攝大乘論》立有「所熏四義」，《唯識三十論》更立「能熏四義」。茲先述所熏四義——即所熏之阿賴耶識應具備之四種特性：

（一）堅住性：

所熏者要始終一類相續，能持習氣，始能受熏。八識中的前七識——眼耳鼻舌身意以及第七識都是有變易轉動，縱受熏習，亦不能持種，所以不能受熏。惟有第八識是堅住的，唯以「無記」一類始終相續而不間斷，故能受熏。

（二）無記性：

無記性是不分善惡，第八識性唯無記，法體平等，無所違

拒，能容習氣，故能受善惡熏習。猶如沉麝不能被熏成臭的，蒜薤不能被熏成香的，因為它本身的氣味已經固定了。所以清淨法的佛果，染汙法的煩惱都不能受熏。唯有中容境——性唯無記的第八識可受熏。

（三）可熏性：

這是說其性非堅密，有隙可乘。而其體自在，始可受熏。例如第八識的五遍行心所，它不自在，依他生起，不能受熏。真如堅密，亦不能受熏。唯有此第八識，其體性虛疏，能含容種子，始可受熏。這好比金器不能受熏，因為它體質堅密，衣服可以受熏，因為它體質虛疏。

（四）與能熏共和合性：

能熏與所熏要具和合性。即受熏者與能熏之法同時同處，不即不離。而與過去未來之第八識，與他身之第八識，無和合義，故不能為所熏，唯與自身現在之第八識，與能熏法同一時間、同一處所，和合相應，故能為所熏。

以上是所熏者所具備的特性，茲再述能熏者之特性：

（一）有生滅：

有生滅變化，方有作用，有作用，方能熏習種子，或令增

長。無為法無此作用，無為法是不生滅的常法，前後不變，無生長作用，故不能熏習。

（二）有勝用：

勝用就是作用力強，方能熏習種子，此有二說：一、能緣勢用，二、強盛勢用。能緣勢用，就是心及心所的作用，而色法無此作用。強盛勢用，是「作意籌度，不任運起」的作用。是指善、惡染汙等性而說。色法，有強盛用，無緣慮用，不能為熏。異熟、無記心等，有緣慮用，無強盛用，亦不能為熏。不相應行，二用俱闕，亦不能為熏。唯有心法中強盛心及心所為能熏——猶如用香料熏衣，香味薄弱的不能熏，要氣味強烈的才能熏。第八識性無記，不能熏。第六識中的微劣無記心心所亦不能熏，物質無思想緣慮不能熏，唯有前七識強盛的心心所為能熏。

（三）有增減：

有了勝用——作用力強，並且高下不定，可增可減，方是能熏。佛果是圓滿的淨法，不能熏。前七轉識是雜染的有漏法，所以能熏。譬如用樟腦丸放置箱中，衣服熏香了，樟腦丸也散發了。金丸玉丸放在箱中，本身無增減，但也不能熏衣服。

（四）與所熏和合而轉：

　　這與「所熏」第四的意義相同，即能熏與所熏同一時間、同一處所，和合相應，始為所熏。而前七轉識，有勝勢用，且有增減，與此四義相合，故為能熏。如此，則能熏者與所熏者，俱生俱滅──因為異時不可相熏，故能熏所熏必須生滅同時。在這樣的熏習下，令所熏的種子生長，這好比印度以胡麻榨油，先雜以香華，然後壓榨，這是香華與胡麻同生同滅，故能熏生香氣，令胡麻受持。而香氣依止胡麻，亦復與之同生滅。這胡麻為所熏，喻第八識。香華為能熏，喻前七轉識，而香氣，就是新熏的種子。這就是熏習。

第七章　識變、四分、三境

一、三能變識

　　唯識學立論，以第八阿賴耶識，是宇宙人生的本源，是以宇宙萬有，「唯識所變」——世間的一切人、一切物、一切事、一切理，都是由我人的心識變現出來的。《唯識三十頌》首頌云：

　　　　由假說我法，有種種相轉，

　　　　彼依識所變，此能變唯三。

　　以上頌文，前兩句暫且略而不論，先由後兩句說起。頌文「彼依識所變」的彼，指的是宇宙萬有，識指的是八識心王。識變，是包括八個識在內。此八識在轉變的時候分做三類，曰「初能變識」，指的是第八識；「第二能變識」，指的是第七識；「第三能變識」，指的是前六識。現在再分別探討如下：

　　唯識學上所稱的「三能變」中，「初能變識」指的是第八阿賴耶識。這在唯識論中稱為「異熟能變識」。「異熟」二字作何解呢？簡單的說，「異」是「不同」，「熟」是「成熟」。異熟二字，舊譯曰「果報」。這果報是由業因的不同時、不同類而成熟的，故新譯名曰「異熟」，異熟具下列三義：

1. 由因至果，時間不同，稱「異時而熟」。
2. 由因至果，必有變易，稱「變異而熟」。
3. 由因至果，性質不同，稱「異類而熟」。

何謂異時而熟呢？譬如種樹，由種子萌芽，到生枝發葉，開花結果，而至果實成熟，必要經過相當的時間，由因到果，由於時間先後的不同，故曰「異時而熟」。何謂變異而熟呢？譬如樹上的果實，由初結果以至於到成熟的時候，其間此果實的形狀和味道，前後不同，而有變易，這就叫做「變異而熟」。何謂異類而熟呢？譬如大海容百川之水，而百川——江河溪澗之水未入大海前，其性質各不相同，但是流入大海之後，就只有「海水」一名一味了，這就叫做「異類而熟」。

我人的阿賴耶識——即異熟識也是如此。此異熟識，是由前世所造的「業因」，成為今世異熟的「果報」，所以是時間不同。既是前世所造的因，到今世成熟時，其間也有些變異，如由小變大，由少變多等。並且，前世所造的業因，如善因感樂果，惡因感苦果。而此樂果、苦果，即現存生命體，其人生本源的阿賴耶識，則不是善性，不是惡性，而是「無記性」——非善非惡的。所以此樂果、苦果，對於善、惡之業因來說，可說是「異類」，也就是說，果異於因之性質而成熟，這就是「異熟」，《八識規矩頌》中說此識是「性唯無覆五遍行」，就是說它在「三性」之中，不是善性，也不是惡性，是非善非惡的「無

記性」。並以其沒有為貪、痴、慢、見這四個煩惱所覆，所以是「無覆無記性」。

其次再述第二能變識，此又稱思量能變。《唯識三十頌》有句云：

謂異熟思量，及了別識境。

異熟是指初能變，思量是指第二能變，了別是指第三能變。《唯識三十頌》之第五頌云：

次第二能變，是識名末那，依彼轉緣彼，思量為性相。

第二能變識，又稱思量能變識，也就是末那識。何謂「思量」呢？思是「思慮」，量是「卜量」，就是末那識的「見分」。去思慮、卜量第八識的「見分」，而執持為一、為常、為遍、為主宰的「實我」。按說，「思量」的意義，八個識都有，而惟末那識的思量與其他七識不同，它是「恆審思量」。八識思量的不同如下：

1. 前五識是「恆」而非「審」的思量。
2. 第六識是「審」而非「恆」的思量。
3. 第七識是亦「恆」亦「審」的思量。

4. 第八識是「恆」而非「審」的思量。

這個第七末那識，是無始以來，與第八阿賴耶識俱起，常恆相續，以第八識之「見分」為本質——實我，而恆審思量之。所以它的特點，就是「執我」和「思量」。因為執我，所以與我癡、我見、我慢、我愛四煩惱相應不離。所謂我癡，是因「無明」之故，不知自我相之真理；所謂我見，是執五蘊假合之我為真實之我；所謂我慢，是因我見而起的倨傲自高的心理；所謂我愛，是由我執而對我所生的貪愛。

第七末那識又稱「意」，與第六識同名，故翻譯時保留末那原音，以與第六識分別。但名稱雖同，而意義有別。第六識以第七識為根，是「依意之識」。而第七識識體即是意。第七識「恆審思量」，以「思量」義勝，故立「意」名。因之此「意」有兩種意義，一是依止之義，為第六識所依止；一是思量之義，即恆審思量。

最後說「第三能變識」，第三能變識，包括著眼、耳、鼻、舌、身、意等前六識。《唯識三十頌》第八頌曰：

次第三能變，差別有六種，了境為性相，善不善俱非。

第三能變，雖有六種差別，但都是以「了境」為「體性」，以「了境」為「行相」——以了解分別外境為其作用，前六識

通於三性——善性、惡性、無記性。

在以上六識中，眼、耳、鼻、舌、身前五識，俱以五根——眼根、耳根、鼻根、舌根、身根等五根為所依，以五境——色境、聲境、香境、味境、觸境等五境為所緣。它們俱依色根，同緣色境，且俱但緣現在，俱「現量」得，俱有間斷，以上五事相同，總稱之曰前五識。

第六識意識，它遍緣有為無為一切諸法，它與「六位心所」——遍行五，別境五，善十一，根本煩惱六，隨煩惱二十，不定四——即五十一個相應心所完全相應。

至於前五識，《唯識三十頌》第十五頌曰：

依止根本識，五識隨緣現，或俱或不俱，如濤波依水。

頌中所稱的根本識，即第八阿賴耶識。因為一切法的「種子」，都藏在阿賴耶識中，由「種子」生起「現行」。所以前六識都是依託在阿賴耶識。但前五識起「現行」的時候，不能自主，必須要遇到「緣」才能生起。即所謂：「五識同依淨色根，九緣七八好相鄰。」已如上章中所述。

第六意識現起，只須具備五種緣，即：一、境界，二、作意心所，三、第七識，四、第八識，五、種子，以其緣的條件較少，所以它常常現起。但也有五種情況它不生作用，即：

1. 生在「無想天」時，獲「無想報」，意識不現起。
2. 入「無想定」時，即滅第六識，意識不現起。
3. 入「滅盡定」時，即滅第六、七識，意識不現起。
4. 睡眠中而無夢時，意識不現起。
5. 悶絕時，昏迷中意識不現起，即現在醫學上所稱的「無意識」狀態。

以上情形，就是《唯識三十頌》之十六頌所稱：

　　意識常現起，除生無想天，及無心二定，睡眠與悶絕。

繼之，《三十頌》的第十七頌稱：

　　是諸識轉變，分別所分別，由此彼皆無，故一切唯識。

　　諸識——「三能變」的八個識，轉變出了什麼？轉變出了「能分別」的「見分」，和「所分別」的「相分」。有了此「相」、「見」二分，所以才有了「我相」與「法相」——宇宙萬有的種種事相。而宇宙萬有、山河大地、房舍器物，只不過是諸識中「相」、「見」二分變現出來的，所以說「萬法唯識」。
　　——關於相、見二分，後文尚有詳解。

二、因能變與果能變

《唯識三十頌》上說，八識分為三能變識——第八阿賴耶識為初能變識，第七末那識為第二能變識，前六識為第三能變識。《成唯識論》詮釋能變，謂能變有二種，一為「因能變」，二為「果能變」。論曰：

> 此三皆名能變識者，能變有二種，一因能變，謂第
> 八識中等流、異熟二因習氣。……二果能變，謂前
> 二種習氣力故，有八識生，現種種相。

論中所稱「等流、異熟二因習氣」，也就是第八阿賴耶識所持的種子，習氣也就是種子的別名。阿賴耶識所持的種子，有能變的力用，能轉變生自類種子同類現行及異熟果，故稱因能變。種子有兩種，即等流種與異熟種——等流種子又稱名言種子，異熟種子即是業種子。

等流二字作何解釋呢？等是相似的意思，流是相續的意思。世間一切事物，各有其因果，而其因果性是相似而又相續，就是等流。換句話說，由因流出果，由本流出末，因果本末相類似，就是等流。

等流習氣，就是等流種子。這是第八識中所藏的有生果功能的種子，等流習氣所生的果，就是等流果——也就是從善因

生善果，從惡因生惡果，從無記因生無記果。

　　異熟習氣，就是異熟種子。異熟二字，在上一節已有詮解。而異熟種子所生的果，就是第八識。換句話說，因能變，就是八識種子在第八阿賴耶識中，念念相續之前因後果的轉變，也就是八識種子各生八識現行的轉變。

　　——在此有個疑問，第八識既然是異熟種子所生，它如何又能含藏異熟種子，以至於無量無數的萬法種子？答案是這樣：這第八阿賴耶識，與其含藏的種子，是無始以來，同時而有的。種子是生識之因，是能生；阿賴耶識是所生之果，是所生。而其能生與所生之間，是因果同時，不是因先果後，所以阿賴耶的果，能攝持其種子的因。

　　其次說「果能變」，我人現在生命的「現果」，就是由異熟、等流兩種習氣（種子）變現而來的。《成唯識論》云：「謂二種習氣力故，有第八識生（這是總報），現種種報（即是別報）。」這即是說明，在現行的果——現在的生命中，怎樣能變的道理。

　　《成唯識論》說：

> 等流習氣為因緣故，八識體相差別而生，名等流果，果似因故。
> 異熟習氣為增上緣，感第八識，酬引業力，恆相續故，立異熟名。

這果能變，就是等流果和異熟果的變，等流果的等流習氣為親因緣，引生八識自體的種種差別果法；異熟果的異熟習氣，只作增上緣而感異熟果。在這兩種果的現行上，又能起種種活動，而熏習現行種子，故稱果能變。

更簡單的說，由種子為因而生識體者，就是因能變；由識體現起相、見二分者，就是果能變。此處所說的識體，是總攝八個識及五十一個相應心所的識體，各各能變出相、見二分。如眼識心王的識體，從其自種而生，故說其自種為因能變；從眼識心王的識體現起相、見二分，便說此識體為果能變。眼識心王如此，與眼識相應之諸心所亦是如此。以至於耳識乃至阿賴耶識諸識及相應心所皆是如此。

相分，是八識所緣的境。這又有兩種不同，一者是由實種子轉變的實相分，這又稱做「因緣變」；二者是依識的分別力變現的無體相分，這又稱做「分別變」。在八個識中，第八識是由自體所藏的種子開發的，所以其所緣的是實體法。而前五識則是分別現量的自性分別識，而其相分並不是依能緣識的分別力所變現的虛妄之相，它是從第八識的自性種子產生的實法，所以也是因緣變──所謂因緣變，就是有真實力用的種子之變。

至於第六和第七兩識，若是緣取本質的相分，則屬於因緣變，若是另依自己的計度分別力緣取的相分，則叫做分別變。譬如第七識緣第八識的見分為實我，以及第六識的獨頭意識，緣出龜毛兔角等虛妄境界，都屬於分別變。

　　簡單的說，因緣變，是隨因緣勢力故而變——即從自體種子的因緣任運而生，有色、心之實體實用者，這就是三類境中的「性境」。分別變，是隨分別勢力而變，即六七兩識，隨自計度分別的勢力，變現於境。這又分二類，一是偏隨能緣的分別力，既無能生的種子，亦無所託的本質，如龜毛兔角之境，這就是三類境中的獨影境。二是帶有本質，亦有能生種子，然藉能緣的分別力，不按其本質而被覺知，亦無色、心之實用者，這就是三類境中的帶質境。

　　因為因緣變和分別變，是從其能生種子與否來分別其所生的相分，故由此可見第八阿賴耶識只變色法——種子、根身、器界，而不變心法。

三、四　分

　　《唯識三十頌》說「八識」為「三能變」。《成唯識論》解釋能變，謂能變有二種，一者因能變，一者果能變。而因能變者，又稱生變，事實上就是種子生識體之變；果能變又稱緣變，果變必待眾緣。眾緣具備，則一切識的「識體」上，現起「相」、「見」二分。此處所稱的果，指的是諸識的「自體」。識的自體何以稱果？是因諸識體，各有自體的種子為其親因，方得生出識體，故對因來說，各識體名果。

　　因此，所謂因變與果變，簡單的說：因變，就是種子為因，而生識體；果變，就是由識體現起相、見二分。但此處應注意

的是，凡說到「識」，而不冠以名稱者，是指一切識而言——一切識，包括著八識心王，和五十一個相應心所在內。如眼識心王的識體，從其自種而生，故說其自種為因能變，眼識心王現起相、見二分，即說是果能變。眼識心王如此，和眼識心王相應的三十四個心所——詳見第四章第一節——也是如此。如眼識觸心所，也是從其自種而生，遂說其自種為因能變；觸心所自體現起相、見二分，便說觸心所自體為果能變。眼識的心王心所如此，其餘耳識、鼻識、舌識，乃至第八阿賴耶識的心王心所，亦莫不如此。

　　在果變中，識體上現起相、見二分，這時識體本身就成了「自證分」。仍以眼識為例，了別色境的作用，即是見分；而所了別的色境，就是相分。而這時眼識的自體，對相、見二分而言，就名叫自證分。這自證分還有一種再度證知的作用，就名叫「證自證分」。這一來，識體就有了「四分」。這四分，可分為心、物兩方面來說。證自證分和自證分本來是一體，此自證分與見分，同是能緣的作用，是屬於心法；而相分是所緣，相分概括世間所稱的物質，是屬於色法，相分與見分同依識體變現，即是攝物歸心，所以成其唯識。

　　什麼叫做相分呢？簡單的說，相就是相狀，也就是形相，就是內心所現之境的相狀。以現代心理學名詞來說，就是一切客觀事物的相狀。也即是，外界客觀事物，在自己心識的相分功能上所顯示的相狀。

　　原來我人的心識，具有慮知的作用。慮知作用必有所慮知的對象，所以心生之時，心的自體自轉變，而現出所慮所託之境相，這所慮所託的境相名曰「境分」，又名相分。

　　什麼是見分呢？見是見照，以能緣為義，就是緣其所變之相分的見照作用。識之自體變現相分，而又起能緣作用來見照，此見照作用，就是見分。外界客觀的事物，在心識本體的相分功能上顯示相狀，心識本體的另一種功能來分別、證驗，此分別證驗的功能就是見分。如果相分是心識上所緣的、或所知的部分，則見分就是心識上主體的、或能知的部分——相分是客體的所緣，見分是主體的能緣。

　　什麼又是自證分呢？原來相分和見分，它們都是「識體」所變的功用，而相分和見分所賴以依託的，仍是識的自體。而此「識體」，就是自證分。當見分去緣相分的時候，此「識體」又去證知「見分」的見照有無錯誤，所以叫自證分。自證分證驗過之後，再度證驗有無繆誤，就是證自證分。自證分和證自證分可以互緣，也可以互證。

　　事實上，所謂「四分」，就是識體的四種功能。所謂相分，就是外境反映到心識上的影像。由見分去見照它、認識它、經驗它。但是誰會知道主體的認識作用，已經見照到客體的影像呢？那仍是心識的自體，由它來證知見分的作用，這種證知的功能稱為自證分，沒有自證分，就得不到見分所見照的結果。自證分再度證知，就是證自證分。立此四分，目的在顯示其「量

果」——就是俗說的結果。

譬如眼前有一塊布料，它映到心識上的影像，就是相分。而見分則相當於尺，去量它的長度與寬度。自證分的作用，是根據尺所量的結果，知道這塊布有多寬、多長。證自證分就是去認知所量的結果是否正確。

在唯識學上，立有「三量」之說，是就心與心所、量知所緣之境而所立的。這三量是現量、比量、非量。在現量中，以能緣之心，緣所緣之境，最後所獲得的結果，叫做「量果」，也就是識體的四種功能中，自證分所得的結果，就叫做「量果」。

量是度量，也是衡量。如尺之量布，如斗之量米。說到量，又有三個條件，那就是：一要有「所量」，二要有「能量」，量過之後，就得到「量果」。如以尺量布來說，布是「所量」，尺是「能量」，量得的尺寸就是「量果」。再如以斗量米，斗是能量，米是所量，量得的斗升，就是量果。如果把這種度量或衡量用在這識體四分上，則相分就是「所量」，見分就是「能量」，而自證分和證自證分，一方面是「量果」，一方面亦可做「能量」。這由下面四個表中，可測知其因果關係：

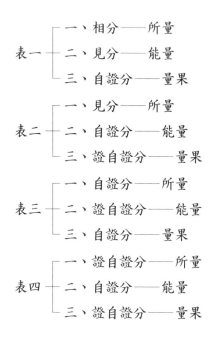

表一
一、相分──所量
二、見分──能量
三、自證分──量果

表二
一、見分──所量
二、自證分──能量
三、證自證分──量果

表三
一、自證分──所量
二、證自證分──能量
三、自證分──量果

表四
一、證自證分──所量
二、自證分──能量
三、證自證分──量果

　　由以上四個表中可看出，相分只可做「所量」，見分雖可做「能量」，但不可做「量果」，因為見分所見有時會發生錯誤，成為「非量」。自證分和證自證分因為可以互緣和互證，所以既可做「能量」，亦可做「量果」。自證分和證自證分既然可以互緣和互證，所以就不必再有一個「證證自證分」來證驗「證自證分」有無繆誤了。

　　在唯識學，這「四分」之說，常使讀者混淆不清。茲再以鏡子為喻，來說明四分。

　　相分的「相」，與「像」字通用，如相片又名肖像。相分的「分」，是「一分」──一部分。也就是說，相分是「識體」的

一部分。相與像通，所以相分就是影像。此影像自何而來呢？影像自「形體」而來。外界的形體反映到識體中，就是相分。如果沒有形體，則鏡子或相機中不會顯出影像，而陽光或燈火下也不會顯出影子。但影像和影子，並不就是形體，影像或影子，和形體的關係是「非一非異」。例如照鏡子，你說影像和形體是一嗎？不是，影像自影像，形體自形體。你說影像和形體是異嗎？也不是，沒有外在的形體，何來鏡中的影像？

　　所以，相分就好比鏡子中的影像，見分就好比鏡子的光明。自證分好比是鏡體，證自證分好比是鏡子的「弛」——能活動的鏡架，有了能活動的鏡架，鏡子就可東南西北隨意所照了。

　　證自證分的作用，是對自證分的——這二者又可以互緣互證——自證分的作用，是對見分的；而見分的作用，是對相分的。雖然說是四分，事實上仍是一體——自證分和證自證分是識之自體，相分、見分是識之功用。

　　以上四分，可說是四種互相依存的作用，即：

1. 相分，是客體的，或所知的部分。
2. 見分，是主體的，或能知的部分。
3. 自證分，是識體自身自我證知的部分。
4. 證自證分，是識體自身再度自我證知的部分。

四、識所緣、唯識所變

本章主題，探討「識變」——三能變識，因能變與果能變，因緣變與分別變，以及由果變所起的相、見二分，以至於由認識的識體，說到被認識的對象——三類境。這一切，無非是說明萬法唯識所變，心識之外無法。故《華嚴經》云：「三界唯心。」《解深密經》云：「識所緣，唯識所變。」《楞伽經》云：「心意識所緣，皆不離自性，故我說一切，唯有識無餘。」這些經教，都是說明唯有內識，而無外境，這都是「萬法唯識」的根據。

事實上，「唯識」立論的重點，是要我人知道。緣生之法，無實體自性，故如虛如幻，不是說不存在，而是要我人不起執著而已。換句話說，唯識學並非不承認外境，而是說，一切外境，都是由心識變現出來，再經過心識的分別才能成立。如果沒有心識變現和心識分別，外境不能成立，就無外境可言了。再者，以心識和外境的關係來說，心識為主體，外境為客體。外境由識所生，為識所緣，所以才說「萬法唯識」。

如果唯識不承認外境，就不會在心王法和心所法之外，別立色法和心不相應行二位了。由此可見，在萬法唯識的基礎上，並沒有否定一切客觀事物的存在。

在「萬法唯識」的立論上，使我人最想不通的，莫過於色法。明明有山河大地、房舍器物，何以說這都是唯識所變呢？

我們不要忘了，第八阿賴耶識，就是萬法種子的儲藏庫。它儲藏的種子有兩大類，即業種子和名言種子，業種子是變現宇宙萬有的動力，而名言種子就是變現宇宙萬有的質料。

在上一節因能變與果能變中曾說到，過去第八識中的種子，轉變為現在的八識，而現在的八識，依照自體中所包藏的種子，變做內心外境一切世界——也就是現在前七識的現行。

上節因緣變與分別變中說到：能緣的心識，隨其分別力所變之境，稱分別變，這是六、七兩識的作用；從自體種子的因緣任運而生，有色、心之實體實用者，是因緣變。是第八識與前五識的作用。前五識是分別現量的自性分別識，它是從第八識的自性種子產生的實法——第八識的色種子產生出相分，前五識託之為本質，再變現出本識上的相分，這就是我人見聞覺知的外境、山河大地、房舍器物，以至於宇宙萬有。

心識緣境，要具備四種因緣，一者因緣，就是生法的種子。二者增上緣，即協助生識之緣。如眼識之生，除種子外，如眼根、光明、空間等，皆是生眼識的增上緣。三者等無間緣，即心法上前後生滅相續，於中無間之意。四者所緣緣，即「所緣之境」。因心識是「能緣」，必有「所緣」之境，始能生識。所緣之境，約色聲香味觸之本質，是第八識親變的「相分」——即是種子儲藏庫中，以過去一切經驗所保留下來的質料，變現出相分，而前五識託之為本質，這是「疏所緣緣」。同時前五識託質自變的相分，就是「親所緣緣」。

　　原來我人所看到的山河大地，並不是直接看到山河大地，而是眼識託第八識的相分為本質，再變出眼識的相分，而由眼識的見分去緣，這等於看到的是鏡子中的影像，也等於小學生寫「做」，白紙下襯一份模楷，若無模楷，便不會在白紙上寫出字。但紙上所模寫的字，並不是原來模楷的本字。

　　眼識所緣之境，要託有本質，本質是什麼？就是阿賴耶識中的色法種子。色法種子含有堅、濕、煖、動四性，此四性集體發生作用，變現出物質——山河大地、宇宙萬有的形體，這就是眼識的親所緣緣。

　　小乘、外道，執「極微」為實有，以為極微能生出眼等之識，亦有執極微的和合相或和集色能生眼等之識。唯識家破遣此說，《觀所緣緣論》有頌曰：

　　　極微於五識，設緣非所緣，

　　　彼相識無故，猶如眼根等。

　　頌後另有長行解釋，意謂「能緣」的識，對「所緣」的境，要具備兩個條件。一是所緣的境要有實體，二是所緣的境要有形相。而極微沒有實體（大乘不承認極微為實有），假如說極微有實體，能生前五識，而它沒有形相（極微非眼可見，惟天眼佛眼可見之），眼識上看不見，所以不符合兩個條件。

　　如果說，極微的和合相或和集色能生眼等五識——如由極

微合成花瓶、茶杯等。但既成了花瓶、茶杯，就已經不是極微。既說是和合或和集，就只是因緣和合的「假有」，就不是實體了，也不符所緣緣的兩個條件。

那麼心識所緣的外境究竟由何而來呢？《觀所緣緣論》謂：

> 內色如外現，為識所緣緣，
> 許彼相在識，及能生識故。

內色，就是心識──第八識所變的「相分色」。這和外境所現的色法一樣。這相分色，才是識體上所變的見分所緣的境相。因為相分色是識體所變的，又能夠引生識體上的見分來緣，這就符合了所緣緣的境要有實體、要有形相兩個條件。

《觀所緣緣論》最後一頌，指出了「唯識」的道理：

> 識上色功能，名五根應理，
> 功能與境色，無始互為因。

這是說，第八阿賴耶識中的色法種子，就是有情的色聲香味觸五境的根。這「能生」的色功能（種子），和「所生」的境色（外境），自無始以來即互為因果。怎樣的互為因果呢？那就是：現行熏種子時，現行是因，種子是果。而種子生現行時，則種子是因，現行是果。這種互相展轉的因果，就是：種子成

熟，生起了現行識上的相分境界色——色聲香味觸五種內色；由此相分境界色，又引生異熟識——第八識上的五根種子，這都是「識所緣、識所變」。諸識都是以「內境為相」，而認識宇宙萬法，所以此即「萬法唯識」。

五、三類境

如前節所述，八識的自體分，及其五十一個相應心所的自體分，各能變現起見、相二分。見分是能見照分別的作用；相分是被見照所分別的色心諸法。《成唯識論》云：

> 有漏識自體生時，皆以所緣能緣相現，彼此應法應知亦爾，以所緣相，說名相分，以能緣相，說名見分……

相、見二分自識體現起，有如蝸牛生二觸角，這二觸角與蝸牛的關係，是「不即不離」。若說是即，它與蝸牛體有分別。若說是離，它畢竟是蝸牛自體所生。故相見二分與識體的關係，亦猶如是。識體是「能變」，相見二分是「所變」。雖然有能有所，皆不離此識體。

八識自體變現境相，又有「因緣變」與「分別變」的分別。所謂「因緣變」，是諸識變現相分，不藉能緣的分別力，而由自體種子任因緣而生，由此變現的境相，有色、心諸法之實體實

用者，這是前五識和第八識，以名言實種為因，以增上、異熟之因為緣所變現的境相，這就是「三類境」中的「性境」。

所謂「分別變」，是諸識藉能緣的分別力而變現的相分。這又分為二種，一種是遍隨能緣的分別力，不帶本質，亦不具能生之種子所變現的境相，這在「三類境」中稱做「獨影境」。一種是帶有本質，又有能生的種子，但亦要藉能緣的分別力而變現的境相，這在「三類境」中，稱做「帶質境」。

那麼，三類境又是什麼呢？境是境相，就是外境投擲在心識上的影像，這影像有三種，就是性境、獨影境、帶質境。

原來識體「四分」之說，是分析我們的「認識」作用，是就主體的、能認識的一面分析來說的，而「三類境」，是站在認識對象這一方面──客體的、被認識的一面來加以分析而說的。所謂境，就是八識所變現的相分。茲先述性境：

性境，是具有實體性的境體，而且它必須具有：一是實種所生，二是有實體之用，三是得境之自相三個條件，始得稱性境。《成唯識論樞要》云：「諸真法體，名為性境，色是真色，心是實心，即性者實義。此境相皆從自己各別實種子生，有實體實用能緣心不謬，真實稱彼境之自相而緣，故名性境。」這是從自種子因緣任運而生，故名因緣變。

例如第八阿賴耶識見分所緣相分中的三種境──種子、根身、器界，及前五識及五俱意識之見分，所緣相分中的色、聲、香、味、觸等五境，都是如其本質而被知覺者，就是性境。

　　獨影境,它不是因緣變,而是分別變。它是從獨頭意識的分別所變的無本質、無體性的相分。這是獨頭意識緣起的幻相,例如說龜毛、兔角等,世間根本沒有這些東西,完全是憑空想像而來的,就叫獨影境。《成唯識論了義燈》云:

> 　　謂能緣心,但獨變相,無別本質,即獨影者。能緣
> 心獨變影像,無別本質義,此境相與能緣同一種生,
> 無實體實用,唯能緣之見分,以自分別力,獨變影
> 像而緣,故名獨影境。

　　帶質境,是介於性境和獨影境之間,而無實體用的相分。換言之,此境有其本質,但不按其本質而被覺知者。例如第七識之見分緣第八識之見分,視第八識的見分為自我,或第六識見草繩誤以為是蛇。第八識的見分固有其本質,但不是自我;草繩固亦有其本質,但不是蛇,這是一種似是而非的相分,是一種錯覺,就叫做帶質境。

　　《成唯識論了義燈》曰:

> 　　謂能緣心緣所緣境,有所仗質,而不得自相,即帶
> 質者,挾帶本質帶似本質義,此境相半與本質同一
> 種生,半與見分同一種生,即此境有本實質,然能
> 緣心緣彼境時,雖帶本質,而作異相之分別,依自

力變現而言，不稱彼境之自相，故名帶質境。

以上對三境的解說，也許仍不夠明瞭。我們再說一遍，這次自獨影境說起：

簡單的說，獨影境，只是一種幻想的境界——幻覺，這是獨頭意識主觀的自繪出的一種妄想。例如佛典中常說的「空華」，是指眼睛有毛病的人，會在空中看到有景象浮動，這原是不存在的東西，但對眼睛有毛病的人來說，就好像實實在在的存在一樣。又如兔角，兔子本來沒有角，這也是意識分別出來的幻想。

而帶質境，則是一種錯覺。帶質境的質，就是「本質」。如其本質而被覺知者是性境，不如其本質而被覺知者是帶質境。第七識緣第八識的見分認為是「我」，並將之實體化，這是不如其本質被覺知，這是錯覺。第六識視繩為蛇，這也是不如其本質被覺知，這也是錯覺。

至於性境，則是實覺——如實的被覺知。獨影境是第六意識主觀的幻想，帶質境是第六意識主觀的錯覺，而性境，是如實的、不受主觀意識影響的對象。這是第八識和前五識直接的覺知，而被覺知的對象是如其本質而顯現。

此處還要說明的，是帶質境也有兩種，是真帶質和似帶質，例如第七識的見分緣第八識的見分，中間生出一個「我」相，這是七、八兩識的見分兩頭生出的，七、八兩識各有其實種的

本質，所以叫真帶質。此即所謂：「以心緣心真帶質，中間相分兩頭生。」再如第六識的見分去緣一切色法，色法——即物質，是無知的東西，本身不會變，是由第六識的見分一頭變現出來，這叫似帶質。這就是：「以心緣色似帶質，中間相分一頭生。」但不論是真帶質或似帶質，都要託質而起，或託心質，或託色質，而不能孤獨生起。

《成唯識論樞要》有一頌來說明此三境：

性境不隨心，獨影唯隨見，帶質通情本，性種等隨應。

意思就是說，性境，是不藉心識能緣的分別力，而由自己的種子任由因緣力而生的。心的分別計度，有善有惡，可善可惡。而性境，是如其本質而被知覺，也就是前五識和第八識，是如其本質的去覺知外境，外境無善無惡，只是無記，這就是性境不隨心。

獨影唯隨見：獨影境的相分，是第六識想像出來的東西，而由見分去顛倒計度，這叫做獨影唯隨見。

帶質通情本：帶質有真帶質和似帶質。真帶質指第七識。《八識規矩頌》中，第七識頌稱：「帶質有覆通情本。」第七識的見分，去緣第八識的見分。這七、八兩識，都有其本質，所以才說「以心緣心真帶質」。情本，情指有情的第七識，第七識是能緣，又會起執。本指第八識，情是有情，本是根本，合起

來說，就是有情的生死根本。真帶質境，是通於有情生死的根本。

　　性種等隨應：是接上一句而說的，性是性分，種是種子。本性的特性、種子等，皆隨當時需要而有不同。惟相分有本質，而見分未能全部如實而覺知，這就是帶質境。

　　這首頌是解釋這三類外境，如何的與認識的主體——見分發生關聯。也許有人會問，既然是「萬法唯識」，如何允許外在本質的存在？但我們也不要忘記，外在的本質，畢竟也是識所變現的。

　　——我們再回顧一下第三章第二節中一段文字：

　　「……而唯識學的理論則以為『萬法唯識』。所謂物質現象，不過是識體所變現，識體之外，無所謂物質的存在。而識體變現，基本上是阿賴耶識的作用，阿賴耶識變現起四種功能，這四種功能集合起來對外『見照』，而構成物質的形體。這四種功能是什麼呢？一、障礙的功能；二、流潤的功能；三、炎熱的功能；四、飄動的功能。這四種功能集體發生作用，使我人感覺到有物質形體的存在。由於四種功能集合的成分不同，所以有各種不同的原質。」

　　阿賴耶識，本身並不是固定不變的，它本身是剎那剎那，不停的變化著。這種變化，就是「種子起現行」。種子現行，為外境和業力所熏習——一再的在該識上造成印象，而又變成了促成種子起現行的慣性和勢力。這就第六章中所說的：

「種子生現行，現行熏種子，三法展轉，因果同時。」

三境與二種識變相攝的情形，如下表所示：

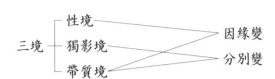

第八章　阿賴耶緣起

一、緣生與緣起

　　根據唯識學的理論來說，宇宙萬有，由根身到器界，無不是由我人主觀的心識變現出來的。心識有八，而八種心識之中，第八阿賴耶識又是萬有的總體、諸法的根本，八識中的前七識也是阿賴耶識的種子轉生的，所以才叫「七轉識」。這種阿賴耶識儲藏萬法種子、種子起現行開展出根身器界，宇宙萬有的作用，叫做「阿賴耶緣起」。

　　緣起法則，是釋迦牟尼六年苦行，證悟所得的真理。他以此緣起法，說明了萬法生滅變異，有情生老病死的理則，也以此緣起法，糾正了當時印度思想界的錯誤，予苦海眾生以光明和希望。

　　原來釋迦牟尼出世的時代，印度是一個群雄割據、諸國林立的分裂時代。那時的印度，社會上道德秩序破壞，人心浮盪不安。而思想界更是百家雜陳、異端邪說充斥，當時的思想界，除了傳統的婆羅門教外，尚有許多沙門集團，即所謂六師外道、六十二見——六十二種見解——等。其對於宇宙人生的問題，對形而上的本體方面，有一元論、二元論、多元論；對人生見解的方面，也有神意論、宿命論、無因論等等，這些異說，全是否定因果善惡，否定個人的意志和努力，一切是神意、是

宿命。

　　而釋迦牟尼證悟所得的真理，則認為宇宙、人生的生起，世間萬有的存在，不是梵天所創造，不是神意所操縱，不是宿命所決定，也不是偶然而形成。這一切，都是藉著因緣和合，互相關涉對待而生起、而存在的。在生起存在期間，可以憑著自我努力、自我創造來改變自己的環境，和未來的命運。

　　關於釋迦世尊證悟緣起真理的經過，載於《過去現在因果經》上。經中說：世尊在雪山修道，苦行六年，後至尼連禪河，入水沐浴。浴罷獨行，至畢波羅樹下，結跏趺坐，經中稱：

> 爾時菩薩（釋迦世尊未證道前，以悉達多太子身份修
> 行時，經中稱太子為菩薩），至第三夜，觀眾生性，
> 以何因緣，而有老死，即知老死，以生為本，若離
> 於生，則無老死。
> 又復此生，不從天生，不從自生，非無緣生，從因
> 緣生……

　　這是世尊自有情眾生生死流轉中悟得的真理，眾生「不從天生，不從自生，非無緣生，從因緣生」。由眾生生死流轉推及於宇宙萬有，宇宙萬法也是「不從天生，不從自生，非無緣生，從因緣生」。因此，這「因緣生」就成了佛教的基本理論，這項理論，也是有情眾生生死流轉，宇宙萬有生滅變異的必然法則。

「因緣生」也就是「因緣起」，略稱緣生或緣起。這緣生或緣起兩個字，看起來語意相近，事實上亦有差別。蓋緣起是由其因而立之名：緣生者是由其果而立之命。《成唯識論述記》十六曰：「瑜伽五十六說，因名緣起，果名緣生。」《俱舍論》九曰：「諸支因分，說名緣起，由此為緣能起果故；諸支果分，說緣已生，由此皆從緣所生故。」

緣起與緣生的分別，前者為因，可說是「為緣能起」；後者為果，可說是「緣所已生」。緣起是萬有生起的必然理則，緣生是因果法則的具體事像。

緣起或緣生中的緣字，有兩種解釋，一是「攀緣」的意思，攀緣，是一種行動。譬如人爬上樹，叫做「緣樹而上」，循著小河走，亦可說「緣河而行」。由此引伸，我人的心識接觸外境叫做攀緣，如眼識緣色而有見，耳識緣聲而有聽等。緣的另一種解釋，是「由藉義」，是憑藉於他的意思，又有互相對待、互相依存的意思。如《雜阿含經》對於緣生的解釋，說是：

此有故彼有，此生故彼生；此無故彼無，此滅故彼滅。

《雜阿含經》中還有一個譬喻，來說明緣生的道理：

佛說，這裡有兩根束蘆，互相依倚才能植立。朋友們，緣名色而有識，緣識而有名色；此生則彼生，

此滅則彼滅，正復如是。

朋友們，兩根束蘆，拿去這根，那根便豎不起來，

拿去那根，這根也豎不起來，名色滅則識滅，識滅

則名色滅，正復如是。

束蘆，是印度特有的一種植物。由束蘆之喻，使我們知道所謂緣起或緣生，是互相憑藉、互相依倚而生起，而存在。宇宙萬有，由根身到器界，莫不如此。

二、四　緣

緣生或緣起，是說一切現象，莫不是互相憑藉、互相依倚而生起，而存在。都無其自性實體，故謂緣生，或名緣起。換言之，任何一法——宇宙萬有、林林總總的一切事物，都不能無因生起。但有因無緣，亦不能生起，必須有因有緣，因緣和合，始有萬法的生起。

譬如以一粒麥子為例，麥子，是麥苗的主因，但如果沒有播種者把它埋入土壤，再加上陽光雨露等助緣，則麥子就不會發芽生長，成為麥苗。麥子如此，世間的萬事萬物莫不如此。

在唯識學上，立有「四緣」、「六因」、「五果」之說，茲先自四緣說起，這四緣是一、因緣，二、等無間緣，三、所緣緣，四、增上緣。茲分述如下：

（一）因緣：

因緣又名親因緣，是諸法生起的主因。諸法之生起，「不從天生，不從自生，非無緣生，從因緣生」。這親因緣，就是諸法生起的主要條件。

《成唯識論》卷七謂：

> 因緣，謂有為法，親辦自果，此體有二，一種子，二現行。

親辦自果的意思，是果法由因法親所成辦。換句話說，就是因法親自生自家果法，因能生果，則果為所生，因為能生。有此能生之因，決定有其所生之果，所以此因對其果，有「創生」及「決定」兩重意義，具備此兩重意義，始得名之為因。

在《成唯識論》中定出「因緣」法體有二，一者是能生的種子，一者是能熏的現行。而其生熏則有三種方式，一是種子生種子，前念種子對後念種子來說為其因緣；二是種子生現行，種子對現行來說為其因緣；三是現行生種子，現行對種子來說而為其因緣。

什麼是種子生種子呢？無量的功能（種子），依止存在於藏識的大海之中，為藏識所攝持。剎那剎那，各各前滅後生，即種子六義中的「剎那滅」與「恆隨轉」。所以此種自類相生的功能，就是前種望後種而作因緣。前種是因，後種是果，即所謂「果俱有」。以其親生後種，故其功能非斷非常，成其勝用。

　　什麼是種子生現行呢？功能恆轉，若逢緣合，方起現行，這是種子六義中的「待眾緣」。因此，功能望現行而為因緣，功能潛隱，可說是現行所依之體。現行顯著，可說是功能所起之用。

　　什麼是現行生種子呢？前七現行識，有勝勢用，皆是能熏，此能熏識，一剎那間，從自種生起，即此剎那間，有強勝的功力，能熏其本識，生自類種子，故現行對其所生之種子而言，是其因緣。

（二）等無間緣：

　　前述「因緣」，是依種子而立，今述「等無間緣」，是依現行而立。現行終古無盡，末那及阿賴耶二識，俱是恆有，無有斷時。前六識除「五位無心」外，餘時亦不間斷，故稱「無間」。

　　唐如理的《成唯識論義蘊》中說：「此緣，約四義辨，一前念於後，二自類無間，三等而開導，四令彼後念心定生。」

　　以上四義，第一義前念於後，是簡別於同時或後時心，惟有前念心望後念心，始得稱等無間緣。第二義自類無間，是必須自類之識，不能以他識為緣。如眼識、前剎那方滅，即已引後自類令生。眼識如此，耳鼻舌身乃至第八識皆是如此。第三義等而開導，開是避開的意思，導是招引的意思。前法避開，對後法為招引，令其得生。第四義是令彼後念心定生者，由前

法開導,後果定生──以後念識望前念識,而得果名。

　　簡單的說,等無間,即無間斷的相續關係。前一法無間的有後一法相隨,則前一法與後一法的關係就是等無間。任何一聚心法(含其所攝的心所法),生起後剎那即逝,惟此聚心法就衰之頃,後一聚同類的心法取而代之,襲得前一聚心法遺留的潛在能力,此前後二聚心法,其間關係即等無間緣。

　　等無間緣惟通心法,不通於色法及非色非心法。

(三)所緣緣:

　　所緣緣舊譯「緣緣」,謂心識對觸境界時(如眼識之於色),心識謂之能緣,境界謂之所緣,也就是心識各自攀緣境界的意思。《成唯識論》卷七云:

> 謂若有法,是帶己相,心或相應所慮所托。此體有
> 二,一親二疏。

　　論文中的有法,說是有體之法,具有力用,能牽引生識,如色等境界,因非無體之法,故能牽引眼識等令之生起,即此種境,對能緣之識而說,名所緣緣。

　　換句話說,所緣緣,即被知覺的客體與能知覺的主體之間的關係。諸類心識的生起,都是以外境作緣。宇宙間的一切法都可以做知覺的對象,此一切對象都是心識的所緣緣。惟前五

識的所緣緣只是色法，第六識的所緣緣是色、心一切諸法。

（四）增上緣：

增上，是增加或加強的意思。也有扶助的意思，所以又稱為助緣。換言之，增上緣，即一法能在另一法上所發生的影響，《大乘義章》三曰：

> 增上緣者，起法強，故曰增上。

宇宙間每一事物，都能影響到其他的一切事物。其影響有為順益，有為違損。自順益方面說，一是能促成或助使他法的生長者，稱「與力增上緣」，一是不妨礙他法的生起者，稱「不障增上緣」。自違損方面說，對於他法有障礙而不令生起，或已生起者使之壞滅。如雨露為花木的順益增上緣，而霜雹卻為花木的違損增上緣。

此緣通於一切法，此緣最廣，即前三緣亦為此緣所攝。現在除去以上三緣，別立此緣，如《顯揚聖教論》云：

> 諸法種子，是因緣。等無間緣者，若從此識等無間，諸識等決定生，此是彼等無間緣。若諸心心所有法所緣境，是所緣緣。增上緣者，除種子外餘所依，如眼及諸共有法於眼識等。如是所餘諸根等於餘識等，又

善不善法攝受愛不愛果，如是等類，是增上緣。

以上四緣，色法生起時，但須因緣、增上二緣。心法生起，則必須四緣俱備。

三、六因、五果

宇宙之間，一切有為法之生起，必依因與緣之和合而後有。惟有因有緣，必然生果，這就形成了因、緣、果的關係。而在因、緣、果三者之間，緣最重要——事實上，緣即是因，因即是緣。觀四緣法中的親因緣可知。所謂因緣，就是親辦生自果之原因。故說到因緣法，首述四緣。此外，唯識學為分別因果之相，又將因分為六種，果分為五種，稱為「六因、五果」，茲先述六因。

《俱舍論》六曰：「因有六種，一能作因，二俱有因，三同類因，四相應因，五遍行因，六異熟因。」

其實所謂六因，也僅是四緣的另一種說明。這其間，就是把四緣中的等無間緣、所緣緣、增上緣三種，合併起來作為一個能作因；而把直接有生果功能的親因緣，開展為俱有因、相應因、同類因、遍行因、異熟因等五個因。在此分別說明如下：

（一）能作因：

廣義的能作因，具有因能生果的功能。此處所稱的能作因，

是等無間緣、所緣緣、增上緣三者的功能，也就是與生果無直接關係的餘因之總和。

能作因的作用，有積極與消極兩方面。在積極方面，其對生果雖非直接之因，但能給予間接資助的，此稱為「與力能作因」；在消極方面，其對生果功能雖無資助，但亦不予以妨礙，此稱為「不障能作因」。這與增上緣的作用相似。此因所得之果，名增上果。

（二）俱有因：

俱有因，是指同時俱有的兩法，互相為因而生果。例如地水火風四大種，必須四大互依而生成。此為彼之因，彼為此之因。譬如三木交叉而立，互相依倚，是各俱有因，此法因果同時，故得相對而互相為因，亦得相望而互相為果。

四大之中，若一大為因，則其他三大為果。若其他三大為因，則此一大為果。以其互相為因，亦必互相為果。而其果則為「士用果」，《俱舍論》六曰：「若法更互為士用果，彼法更互為俱有因。其相云何，如四大種更互相望為俱有因。」

（三）相應因：

這是心法上，心王與心所彼此相應，以心王為因，而起心所；以心所為因，而起心王，王所相應，互相資助，互為因果。這種密切的配合，不是色法或心不相應行法所能有。故相應因

只限於心王與心所的相應關係，且立有「五義平等」——五種相同性加以限制：

1. 時同：心王與所相應的諸心所，在一剎那間同時俱起。
2. 所依同：心王與相應心所為同根（六根）所生。
3. 所緣同：心王與相應心所，所緣的對象相同。
4. 事同：心王與相應心所體性必同。
5. 行相同：心王與相應心所之活動，必取相同的方向。

《俱舍論》六曰：「由五平等共相應義立相應因。」又曰：「唯心心所，是相應因。」

（四）同類因：

同類因又名同性因，此因與四緣中的等無間緣相似，所不同者，1. 此是因而不是緣。2. 因果不同時，因必滅己，果始能現。3. 前後二法的相續時間可延長。4. 可應用到任何同性之法的法群上，通於色、心諸法。在色法上說，前一粒麥種，生出後一株麥苗；在心法上說，前一善念引生後一善念，都可稱為同類因。

同類因所生之果稱等流果。《俱舍論》二曰：「同類因者，謂相似法與相似法為同類因，謂善五蘊與善五蘊展轉相望為同類因，染汙與染汙，無記與無記，五蘊相望，應知亦爾。」

（五）遍行因：

遍行因為同類因之一種，然不像同類因之限於同部諸法，而範圍較廣，它遍及於煩惱心所——貪、瞋、痴、慢、疑、身見、邊見、邪見、見取見、戒禁取見等。它不但是同類不善法相續生起之因，也是其餘一切染汙法的生起之因。

（六）異熟因：

此因為六因中最重要的一種，以有情眾生的生死流轉，皆是由此因而來。由此因所生的異熟果，就是現在之生命體。

異熟二字，舊譯為「果報」，就是依過去之善惡，而得之果報的總名。新譯為「異熟」者，謂果異於因之性質而成熟。如善業感樂果，惡業感苦果。但樂果卻非善性，而是無記性；苦果亦非惡性，亦為無記性。即所謂：「因是善惡，果是無記。」以因與果的性質不同，故曰異熟。《俱舍論》六曰：「異類而熟，是異熟義。」

再者，因與果必隔世於「異時」而成熟，故曰異熟。《成唯識論述記》卷二曰：「言異熟者，或異時而熟，或變異而熟，或異類而熟。」

因為異熟就是果報，所以異熟因就是果報之因。果報之因無他，就是善惡二業。善惡二業感樂苦二果，而樂苦二果是非善非惡的無記性。《俱舍論》六曰：「唯諸不善，及善有漏，是異熟因。異熟法故，何緣無記不招異熟，由力劣故，如朽

敗種……」

　　以上六因，能為一切法——色心二法之因者，為能作因、俱有因、同類因、異熟因四種。相應因和遍行因，只適用於心法與心所有法之間。再者，同類、遍行、異熟三因，是因果異時；俱有、相應二因是因果同時，能作因則二者兼通。

　　介紹過六因，以下再探討五果：

（一）異熟果：

　　異熟果就是果報。此果報異時而成熟，其實此果也就是第八阿賴耶識。因為此識含藏一切諸法種子，而成熟諸根識之果也。如眼耳鼻舌身意六根，以往作善惡業之因，今報得苦樂之果。若現今作善惡業之因，亦感將來苦樂之果，故名異熟果。《成唯識論述記》卷二曰：「異熟因所招，名異熟果。」

（二）等流果：

　　等流果又名相續果，依前之善心而轉生後之善心，依前之惡心而轉生後之惡心，依前之無記而轉生後之無記，等於果性由因性而流來者，以其因果相續，稱等流果。此果自六因中之同類因與遍行因而來。

（二）士用果：

士者「士夫」，即人之異名；用者作用，即人力之作用。如農夫之於米麥，如修行者之於道果，皆是因造作之力用而得者，稱士用果。此果自六因中之俱有因與相應因而來。

（四）增上果：

以一種有為法，對其他一切有為法而言，為增上果。即其他一切有為法，對某一有為法，予以資助之力。或不予資助，而亦不障害，因其資助或不障害之增上力，而生此果。這雖與士用果相似，但士用果局限於有力之因體，而此則通於一切有力無力之有為法，曰增上果。此果自六因中的能作因而來。

（五）離繫果：

此果又稱解脫果。為無漏、斷障所證之無為道果。這是聖者以般若正智，斷煩惱，所知二障，遠離繫縛所顯的擇滅無為——涅槃果。涅槃離一切之繫縛，故曰離繫，此法常住，非自六因而生，惟以道力而證之。故雖予以果名，而非對於六因之因體而說，只是強加名相，便於解說而已。

以上五果，前四者是世間的有為法，後一者是出世間的無為法。

四、阿賴耶緣起

　　緣起法門，是佛教的基本理論，宇宙萬有，一切有為法，皆自緣而起者——自因緣和合而生起。而唯識學的基本理論，是「萬法唯識」，宇宙萬有，一切有為法，皆自阿賴耶識變現而來，這二者可有牴觸？不，阿賴耶識變現諸法，也是藉緣而生，待緣而起。因此，阿賴耶識變現諸法，就是阿賴耶緣起。

　　根據華嚴宗的教理，說是有四種緣起。這四種緣起是：（一）業感緣起，（二）阿賴耶緣起，（三）如來藏緣起，（四）法界緣起。為了對阿賴耶緣起有具體的認識，我們在此先從業感緣起說起。

（一）業感緣起：

　　業感緣起，可稱為「行為力的緣起」。有情眾生——有情識、情見的眾生，此處以人為代表——都是自我創造其生命與環境。在無始無終的生命流程中，我人是由惑造業，由業受苦。這惑、業、苦三道展轉，因果相續，這就造成了有情的三界、四生、六道輪迴。

　　惑，是我人的迷妄之心，迷於所對之境，而顛倒事理之謂。惑就是貪、瞋、痴、惡見諸煩惱的總名。在《百法明門論》中，列煩惱心所有六，隨煩惱心所二十。六煩惱者，曰貪、瞋、痴、慢、疑、不正見。不正見心所可開展為身見、邊見、邪見、見

取見、戒禁取見，這就成了「十惑」。前五者，貪、瞋、痴、慢、疑，是生活上的心理迷於事的惑，稱為「思惑」；後五者，身見、邊見、邪見、見取見、戒禁取見，是知識上的心理迷於理的惑，稱為「見惑」。

有了以上的諸惑，就因惑而造業。業有身業、口業、意業，也就是我人全部的思想意識，及由思想意識支配下，發生於身體、語言上的行為。這思想和行為，就構成了或善、或惡、或無記（非善非惡的）的業力。不過，有情眾生，由於貪、瞋、痴、慢諸煩惱的迷惑，起心動意，身體言行，可說是構成惡業者多，造做善業者少。因此，惑為心之病，以心之病為緣，而造身之惡；以身之惡業為因，而感招生死輪迴的苦果。這由惑造業，由業感果，由果又起惑，這三道展轉，互為因果，就是業感緣起。

惑、業、苦三者互為因果，使有情眾生生死輪迴。而這惑、業、苦三法由何而來呢？這就必須在阿賴耶緣起中去找答案了。

（二）阿賴耶緣起：

所謂阿賴耶緣起，事實上就是阿賴耶識的緣起。阿賴耶識譯曰藏識，有能藏、執藏、所藏的三種意義。自能藏萬法種子方面來說，叫做能藏；自受前七識雜染法所熏所依方面來說，叫做所藏；自被第七識執著為「我」方面來說，叫做執藏——我愛執藏。

　　唯識學上說宇宙萬法，「唯識所變」，也就是此識所執持的種子，遇緣生起現行。阿賴耶識中所藏的種子，遇緣生起現行，就是阿賴耶緣起。其實所謂種子，就是阿賴耶識能生色、心諸法的功能。這在第六章「萬法種子」節中已有敘述。惟此阿賴耶識中所藏的萬法種子，是自何而來的呢？種子的來源有二途，一途是「本有種子」，這是無始以來就在阿賴耶識的自體中具足，而有能生起萬法的功能，這又叫「本性住種」，另一途是「新熏種子」。這不是阿賴耶識中本有的，而是互相熏習而來的。這是由於七轉識的作用，在第八阿賴耶識的自體中，再為熏習現行習氣，故又名「習所成種」。在第六章「種子現行的因果」節中曾說到：「種子生現行，現行熏種子。」種子受熏，又成為新種子藏入阿賴耶識，遇緣再起現行。這「遇緣」始起現行，本來就是種子的特性。在第六章「種子的體性」節中，所述的種子六義，其中第五義就是「待眾緣」。

　　藏識中的種子生起現行，現行就是相對待的宇宙萬法，現行萬法重熏其種子，叫做現行熏種子。因而在此可得三法，這三法是：

1. 本有種子：這是藏識所執持的，遇緣則起現行的種子。
2. 現行法：是本有種子遇緣起現行之法。
3. 新熏種子：是由現行法新熏的種子。

　　以上三法展轉，同時為因果，有如秤之一時高下，即完成了種子生現行，現行熏種子。這三法展轉、因果同時，是一具緣起；而後時更遇緣則自種子生現行，自現行熏種子，更為一具緣起。如此展轉因果無窮，就是阿賴耶緣起之相。

　　而此中的所謂緣者，事實上就是阿賴耶現行之諸法。以現行之諸法為緣而鼓動種子，生惑、造業、招果。如此可知所謂三世因果相續之惑、業、苦三道，皆是吾人一心之緣起，阿賴耶識之作用。

　　如果有人問，這阿賴耶識是由何生而生呢？這就不得不在「如來藏緣起」中去找答案了。

（三）如來藏緣起：

　　如來藏緣起又名真如緣起，真如就是諸法實相，宇宙萬有的本體。宇宙萬有，就其體性之義來說，稱為「法性」；就其體性真實常住之義來說，則為「真如」；就其真實常住為萬有實相之義來說，就是「實相」。這三者，名稱不同，而其體則一。其實也就是如來藏的異名。

　　真如是無始無終不增不減之實體，為染淨之緣所驅，生種種之法，就是真如緣起——也就是如來藏緣起。

　　何以說真如、實相、法性，都是如來藏的異名，而如來藏緣起就是真如緣起呢？我們來讀一段經文就可了解。《占察善惡業報經》中說：

復次應知，內心念念不住故；所見所緣一切境界，亦
心念念不住。所謂心生，故種種法生；心滅，故種種
法滅。而生滅相，但有名字，實不可得。以心不往至
於境界，境界亦不來至於心；如鏡中像，無來無去。
是故一切法，求生滅定相，了不可得。所謂一切法，
畢竟無體，本來常空，實不生滅故。如是一切法，實
不生滅者，則無一切境界差別之相，寂靜一味，名為
真如，第一義諦，自性清淨心。彼自性清淨心，湛然
圓滿；以無分別相故，於一切處，無所不在。無所不
在者，以能依持建立一切法故。

復次，彼心名如來藏，所謂具足無量無邊不可思議無
漏清淨功德之業。

由上段經文可知，如來藏心，具足無量無邊不可思議無漏
清淨功德之業，事實上就是真如、實相、法性。而如來藏心，
卻為阿賴耶識之所依。《大乘起信論》云：

心生滅者，依如來藏，故有生滅心，所謂「不生不滅」
與「生滅」和合，非一非異，名阿賴耶識。此識有二
種義，能攝一切法，生一切法。云何為二，一者覺義，
二者不覺義。所言覺義者，謂心體離念，離念相者，
等虛空界，無所不遍，法界一相，即是如來平等法身。

　　依此法身，說名本覺……

　　所言不覺義者，謂不如實知真如法一故，不覺心起而

　　有其念，念無自相，不離本覺……

　　原來我人的自性清淨心，就其體來說，稱做真如，就其相
來說，稱做如來藏心。而阿賴耶識依於如來藏心，總攝一切法，
而有生滅。因此，真如是生滅心──阿賴耶之體；生滅心──
阿賴耶是真如之用。真如在體性上一法不立，在相用上萬法全
彰。所以，如來藏緣起即真如緣起，而阿賴耶識的來源也在此
找到了出處。

　　如來藏緣起，在實體上有真如門、生滅門二義。以真如門
故，為一味平等之體，以生滅門故，由染緣而現六道，由淨緣
而出四聖。於此又有三法，一者真如之體；二者生滅之相；三
者因緣之用。真如之體為因，因緣之用為緣，因而生出生滅之
相，而其生滅之果，就是現行的阿賴耶識，於此知阿賴耶識由
如來藏而生。

　　如果再有人問：這如來藏是由何而生呢？這就不能也不該
再問下去了。因為如來藏本體就是真如，如果更有所生，那就
不是真如了。

　　探究至此，可知一切萬法，皆由此如來藏所變造。而一切
萬法，互相融通，成為一個大緣起，這就是法界緣起。

（四）法界緣起：

　　法界緣起，是說法界之一切事法，有為無為，色心依正，過去未來，盡成一大緣起，更無單立者，故以一法成一切法，以一切法起一法。換言之，則所謂萬有，緣於萬有而起，這就是法界緣起的意義。

第九章　三雜染與二種生死

一、惑──煩惱雜染

　　依照唯識學理論，謂一切色、心諸法，都是阿賴耶識之所
變現，這種唯識所變之法，都是假相，並非實體。無奈有情眾
生，迷闇不了，執為實我實法，由此而起種種煩惱。此煩惱又
稱為「惑」，由迷惑而造諸惡業，招生死苦。《成唯識論》稱此
有情生死相續之因果，曰惑、業、苦。如論云：

　　　生死相續，由惑、業、苦，發業潤生煩惱，名惑。
　　　能感後有諸業，名業。業所引生眾苦，名苦。

　　識論及顯揚論等，稱此惑、業、苦為「雜染」。曰煩惱雜
染、業雜染、生雜染。雜染，是一切有漏法的總名。《成唯識論
述記》卷二曰：「諸有漏法，皆名雜染。」所謂雜染者，雜亂真
性，曰雜，似極汙垢物，曰染。也就是說，一切有情眾生，由
於無明愚痴故，起貪瞋等諸惑，由此惑與思心所的作用，於身
口意上造作殺盜淫等諸不善業，或求人天福報的善業。由這些
善惡業力，熏習阿賴耶識中的無記名言種子，決定未來的果報。
由此而輪迴於三界、四生、六道之中，備受眾苦。
　　由於過去的惑業之因，招致到現世的苦果；再由現世的惑

業之因，又招致未來的苦果。就這樣，由無始以來，盡未來之際，生死相續，這就是「無始流轉」。現在就自三雜染中的惑說起：

惑是什麼？惑就是有情眾生的迷妄之心，迷於所對之境，而顛倒事理之謂，也就是煩惱——包括著根本煩惱及隨煩惱。此二種煩惱，誤認心內影像——相分，為心外實法，由此而起迷執。迷執有二，一是人執，二是法執。人執又名我執，不了知人身為五蘊和合之假有，固執為一個常一主宰之實我；法執是緣自心變現之法，執為實有。也就是不了知五蘊四大和合之法，如幻虛假，執為心外實法。

由以上我、法二執，生出「煩惱障」和「所知障」二障。所謂煩惱障，謂貪、瞋、痴諸惑擾惱有情之身心，故名煩惱。此煩惱能障涅槃，故名為障。再者，此煩惱障由我執而生貪瞋痴等惑，障礙所知之境之實性，令能緣心於所知境迷闇不了，能障菩提，故名所知障。

以上煩惱、所知二障，都是以根本煩惱和隨煩惱為體，惟於同一煩惱，有人執的一邊，和法執的一邊，所以立二障之名。即迷於事者稱煩惱障，迷於理者稱所知障。煩惱障是生死流轉的根本，我人以有此障之故，才永在三界六道中輪迴，而無法證悟涅槃之極果；所知障是迷妄的根源，我人以有此障之故，才迷於諸法的真理，而不能證得菩提正智。

此二執、二障，又各有俱生起與分別起二種。俱生起者，

是由無始以來，虛妄熏習之內因力，恆與身俱，不俟外緣自然轉起之煩惱；分別起者，是由現在世藉邪師、邪教、邪思維等外緣，分別計度，然後方起的煩惱。

煩惱障中，分別煩惱障，有發起有漏善惡諸業的作用，此即「發業之惑」；俱生煩惱障，有潤漑善惡業種，令生當來之果的作用，此即「潤生之惑」。

所知障無發業潤生的作用，但能覆所知之境，障礙正解，令不得生。由上所述，故煩惱障是生死流轉的根源，而所知障是迷妄的根源。

再者，若就八識來說明二執二障的相應，則我法二執只涉及第六識和第七識，而前五識和第八識則無此二執。因為前五識唯有自性分別，沒有隨念、計度分別，所以無此二執。而第八識的體性是「無覆」、「無記」，因此不與惑相應，所以也無此二執。

至於二障，雖可受第六識的引發而生起作用，惟只限於俱生起的惑，而不與分別起的惑相應。再者，第七識雖然常緣第八識的見分，執有實我實法，但此二執在二障之中，必假邪教、邪思維等外緣而產生，不與分別起的惑相應。因為此識是只緣現在的內境，不緣當生處的外境，於俱生起的惑中，不俱潤生的作用。

但於第六識，以此識有虛妄分別的作用，就與二障二執無不相應了。這在唯識學的術語上，叫做「六七有執，五八

無執」。

二執二障與八識相應的關係，如下表所示：

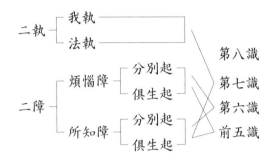

現在再就惑的種類加以說明：

在惑、業、苦三者之中，直接招引苦果的是業，而助業感果的是惑，依惑造業，由業感果。因此，業是果的親因，惑是果的疏緣。

惑能擾亂有情的身心，故又名煩惱。惑依其強弱分為本隨二類，本惑名根本煩惱，隨惑名隨煩惱。這本、隨二惑，事實上就是「百法」中的根本煩惱和隨煩惱。在「百法」中，根本煩惱有六，隨煩惱二十，再分別說明如下：

（一）根本煩惱有六，曰貪、瞋、痴、慢、疑、惡見。而惡見——又名不正見——又可開為身見、邊見、邪見、見取見、戒禁取見五種，這樣就成了十種，因此就稱「十惑」。在此十惑中，貪、瞋、痴、慢、疑五種，其性遲鈍，難於斷止，故稱「五鈍使」；身見、邊見、邪見、見取見、戒禁取見五種，其性銳

利，易於斷止，故稱「五利使」。稱為使者，是指其使役有情，徬徨於迷妄之中的意思。

在此五鈍使和五利使中，又有迷於事及迷於理的分別，迷於事之惑，是由迷於事相而生起的煩惱，如飲食男女之欲望，是與生俱有的，故又稱俱生起之惑。又以此惑不易斷除，須藉漸次加行之力，於修道才能斷止，故又稱「修惑」——修惑，舊譯名為思惑。

迷於理之惑，是迷惑於迷悟因果之理——不了解四聖諦法，受邪師、邪教和邪思維等誘導而生起的煩惱，故又稱分別起之惑。此惑至見道時頓斷，故又稱「見惑」。

在前述十使之中，身見、邊見、邪見、見取見、戒禁取見及疑等六種，唯迷於理，此六者屬於見惑；而貪、瞋、痴、慢四種，唯迷於事，此四種是屬於修惑。

（二）隨煩惱共二十，即忿、恨、惱、覆、誑、諂、憍、害、嫉、慳十種是小隨煩惱，無慚、無愧二種為中隨煩惱，不信、懈怠、放逸、惛沉、掉舉、失念、不正知、散亂八種為大隨煩惱。《俱舍論》二十一曰：

> 此諸煩惱亦名隨煩惱，以皆隨心為惱亂事故，復有
> 此餘異諸煩惱，染汙心所行蘊所攝，隨煩惱起故，
> 亦名隨煩惱，不名煩惱，非根本故。

隨煩惱，就是本、隨二惑中的隨惑。

迷於事之惑稱修惑，迷於理之惑稱見惑，這是小乘俱舍宗的分法。在唯識學上，是以俱生起和分別起的執障來分類，即是以分別起的煩惱障和所知障為見惑，以俱生起的煩惱障和所知障為修惑。不論以那種分類法，這見修二惑，皆概括了三界的一切煩惱，也是流轉三界的生死之因，惟有斷此二惑，始能免三界六道的生死流轉。

二、業──業雜染

業，是因煩惱或因煩惱之緣，助善法惡法於身、口、意上所作的諸種行業，是由與第六識相應的「思心所」的作用。《俱舍論》云：「思及思所作，思即是意業，所作謂身、語。」

這思心所，若與信、精進等善心所同俱，於三業中就造作出一切善法。若與貪、瞋等煩惱心所同俱，於三業中就造作出一切惡法。在造作善惡諸法時，熏習善惡的身、口、意三業的思種子，攝藏於第八識中，而成為未來引生三界六道的親因緣種子──此即所謂「業種」。

業是什麼？這是一個非常難於詮釋的名詞。《俱舍論》曰：「造作名業。」《成唯識論》八曰：「能感後有諸業名業。」這兩句話「言簡意賅」，但不能予我人以具體的概念。《大毘婆沙論》中說得較為詳細：

問何故名業？業有何義？答：由三義故說明為業。
一作用故。二持法式故。三分別果故。作用故者，
謂即作用說名為業；持法式者，謂能任持七眾法式；
分別果者，謂能分別愛非愛果……
復有說者，由三義故說名為業。一有作用故。二有
行動故。三有造作故。有作用者，即是語業，如是
評論我當如是如是所作故。有行動者，即是身業，
雖實無動，如往餘方。有造作者，即是意業，造作
前二，由此意故說名為業。

上段文字說得較詳細，但好像仍不能使我們了解什麼是業。
現在我們綜合眾說，詮釋如下：

業之為物，本難了知。它無形無相，無質無量。但起心動
意，語言行動，皆成業種，儲藏於第八識中，遇緣則起現行，
發生力用。而其起現行時，受到現行業力的熏習，剎那滅，果
俱有，又成為新種子，儲藏於第八識中。

無始以來，多生多世以及今生今世業力的熏習，形成一個
人的性格。也以這種業力的趨向，決定他未來──來世「三
界」、「六道」的方向。

我國民初學者梁啟超先生，在〈佛陀時代及原始佛教教理
綱要〉一文中，說到了業，把業形容為老宜興茶壺中的茶漬，
含有無窮茶精，又比方為抽鴉片煙的人使用的老槍老斗　　老

槍老斗中的煙漬中，含藏有無窮的煙精，這茶精或煙精，都是千萬次的泡茶或抽煙所熏習積累下來的。以此來譬喻身口意三業對於第八識種的熏習，十分神似，也使我們對業有個概念。

業力並不因肉體死亡而消滅，肉體死亡，而業力仍寄託在第八阿賴耶識中，阿賴耶識受業力支配，在「三界」、「四生」、「六道」中形成另一新生命。業力支配阿賴耶識的情形，是：「譬如討債，強者先牽。」也就是說，那一方面的業力最重，就偏墜到那一方面去。

在佛教經典中——如《十善業道經》、《瑜伽師地論》、《成實論》、《俱舍論》、《阿毘達磨雜集論》、《大毘婆沙論》等經論中，在在都說到業。說業之因、業之果、業之體、業之用，說業之差別、業之輕重、業之趨勢、業之強弱……真所謂業海茫茫，何處是岸。茲擇要分述如下：

（一）有漏業與無漏業：

有漏業者，即三界以內凡夫造作之業，能召感分段生死。無漏業，是出世業，感方便有餘土之果報。有漏業與無漏業，又各有共業不共業之分別。以下各種業，皆有漏業。

（二）身語意三業：是凡夫基本造作之業：

意業，吾人心識一切思維之造作。身業，吾人一切行為之造作。語業，吾人一切語言之造作。如《華嚴經·普賢行願品》

曰：「往昔所作諸惡業，皆由無始貪瞋痴，從身語意之所生，一切我今皆懺悔。」

（三）善、不善、無記業：

善業，是由無貪無瞋無痴為因緣造作之業。不善業，是由貪瞋痴為因緣造作之業。無記業，是由非無貪無瞋無痴為因緣，亦非貪瞋痴為因緣造作之業。

（四）故思、不故思業：

故思業，又稱故作業，故思所造業，即是故意所作之身語業，曰故思業；不識而作者，曰不故思業。《瑜伽師地論》九十曰：「故思所造業者，謂先思量已，隨尋思已，隨伺察已，而有所做。」

思有三種，一是審慮思，二是決定思，三是動發勝思。吾人將有身語行動，先經審慮之思來考慮；再由決定思起決定心，最後由動發勝思正發身語，動作於事——就是開始了身、口的行動。

《瑜伽師地論》又曰：「凡經此三種思所作行為，名故思業，不經此三種所作，名不故思業。」

故思業是幾經思慮而後所作，所以思種子的勢力強，感苦樂之果，不故思業之思種子勢力弱，不感果。

（五）增長、不增長業：

吾人所造作之諸業，能令業種子增長者，稱為增長業；如雖有故思——雖經審思而未付諸語言行動；或雖起語言行動而不令思種子增長者，稱不增長業。增長業定受異熟果，不增長業不定受異熟果。前述的不故思業，皆是不增長業；故思業，有增長有不增長。

依照《瑜伽師地論》所說，不增長業有十種：一夢所作，二無知所作，三無故思所作，四不利不數所作，五狂亂所作，六失念所作，七非樂欲所作，八自性無記，九悔所損，十對治所損。

（六）定、不定業：

依上述之區別，又生出定業、不定業兩種。定業是定受異熟果，不定業是不定受異熟果。此中又有順現法受業、順生受業、順後受業、順不定受業四種：

1. 順現法受業：是以猛利樂方便所作，現生感受異熟果之善不善業，今世受報。
2. 順生受業：又名順次生受業，即今世所作感異熟果的善不善業，次世受報。
3. 順後受業：即今世所作感異熟果的善不善業，至第三生以後受報。

4. 順不定受業：即今世所作感異熟果之善不善業，而受報
之時分不定。

（七）福、非福、不動業：

此是依所感果報之勝劣，而分為：

1. 福業：是感到三界中欲界人天善趣的總報，及五趣中殊
勝別報之業。

2. 非福業：是感到三界中欲界三惡趣的總報，及五趣中鄙
劣別報之業。

3. 不動業：感色界及無色界總別二報之業。

（八）總報業、別報業：

在上述的順生受業和順後受業的二業中，感五趣受生總報
的，稱總報業，又名引業，意思是牽引果報的總體。感五趣中
勝劣差別別報的，稱別報業，又名滿業，意思是圓滿別報的
果體。

凡是業，因思種子勢力的強弱，而其結果各異。故善惡的
區別，定不定的差異，皆由此而不同，而所謂此業引異熟果者，
也是業種子自然的勢力，引起自果的作用而已。

三、苦——生雜染

人生之苦，是與生俱來的，反過來說，因為煩惱及業力故

而有生——生命，有生即有苦。老子曰：「吾之大患，為吾有身，及吾無身，何患之有。」也是這個意思。

所謂「生」，指的是有情眾生的生命個體，及生命體所賴以生存的環境。這在佛經上稱之為「有情世間」及「器世間」，也就是「依」、「正」二報。有情眾生，以其過去造作的業因，招感未來生死的果報，未來的果報有正報、依報兩種，正報是生命個體之報，依報是生命所賴以生存的環境之報。

正報稱「三有」，即本有、中有、當有。本有是現在之身心；中有是有情死後的「中陰身」；當有又稱後有，即後世的受生之身。依報亦稱三有，是「欲有、色有、無色有」。三有事實上就是「三界」，即欲界、色界、無色界，是諸有情的「生所依處」。《顯揚聖教論》曰：

> 界有二種，一、欲等三界，二、三千世界。
> 欲等三界者，一、欲界：謂未離欲地雜眾煩惱諸蘊差別。二、色界：謂已離欲地雜眾煩惱諸蘊差別。
> 三、無色界：謂離色欲地雜眾煩惱諸蘊差別……

簡單的說，生存在欲界的眾生，有飲食男女及睡眠之欲，故稱欲界；生存在色界的眾生，無飲食男女及睡眠之欲，惟有殊勝的形色，故稱色界；至於無色界，不但無欲界的飲食男女睡眠之欲，亦無色界的形色，只是一個精神存在的世界。

　　其實所謂三界，只是我們這個小世界——即娑婆世界的三種生存環境。娑婆世界之外，尚有所謂三千大千世界。依照《阿毘達磨雜集論》所說，世界之成立，水輪依於風輪，地輪依於水輪，依此地輪，有須彌山、七金山、四大洲、八小洲、內海、外海、須彌山四外層級，為四大王眾天及三十三天所居處。外輪圍山之虛空宮殿，若夜摩天、兜率陀天、化樂天、他化自在天，及色界諸所居處。以至於阿修羅道、地獄道、餓鬼道等，各有其居處。如此有一日一月所照方處，叫做一世界。集以上一千個世界，總名小千世界。集一千個小千世界，總名中千世界。集一千個中千世界，總名大千世界。以其中有三個千的倍數，故名三千大千世界。

　　而三千大千世界，並非一個，虛空無盡，世界無量，故佛經中常說：「十方微塵世界」、「十方恆沙世界」。因此，我人所依的娑婆世界，只不過是太空間的一粒微塵而已。

　　前面說諸有情的正報三有，最後一個為當有，當有又稱後有。後有是後世的受生之身。後世受生，人未必再生為人，畜未必再生為畜，一切視其業力的牽引，而有三界、四生、六道的差別。三界，即前述的欲界、色界、無色界，是諸有情所依的環境。四生，是胎、卵、濕、化，這是有情轉生的四種方式。《阿毘達磨俱舍論》曰：

　　謂有情類卵生胎生濕生化生，故名為四……

云何卵生，謂有情類生從卵殼是名卵生，如鶴、孔雀、鸚鵡、雁等。

云何胎生，謂有情類生從胎藏是名胎生，如象馬牛豬羊驢等。

云何濕生，謂有情類生從濕氣是名濕生，如蟲、飛蛾、蚊、蚰蜒等。

云何化生，謂有情類生無所託是名化生，如落伽天、中有等。

一切地獄、諸天、中有，皆唯化生，鬼趣唯通胎化二種。

最後說到六道。六道又稱六趣，也有佛典上稱五趣，那是未把「阿修羅趣」算入。如《阿毘達磨雜集論》稱：「五趣者，一地獄趣，二傍生趣，三鬼趣，四人趣，五天趣。」不過在一般的經論中多稱六趣──趣，趣往之意，指諸有情所往生的國土而言。《俱舍論》八曰：「趣謂所往。」──即天趣、人趣、阿修羅趣、傍生趣、鬼趣、地獄趣。這六趣，是以人趣為中心。

正報三有中的後有，就是後世的受生之趣向。這趣向，就是「六道輪迴」──輪迴，指諸有情無始以來，在上述六趣中流轉生死，有如車輪之迴轉不斷，故曰輪迴。《法華經·序品》曰：「六道眾生生死所趣。」〈方便品〉曰：「以諸欲因緣，墜墮三惡道，輪迴六趣中，備受諸苦毒。」《心地觀經》曰：「有情

輪迴生六道，猶如車輪無始終。」

　　以上六道，天、人、阿修羅三者是三善道，地獄、餓鬼、畜生三者是三惡道。但不論為善道或惡道，其有苦也則一。三惡道之苦自不待言，即以三善道來說，也是各有其苦。以天道而論，天道眾生，壽命長久，有樂無苦，但當其福報享盡，壽命將終之時，現出五大衰相，即衣染塵埃、頭上花萎、兩腋出汗、臭氣入身、不樂本座。最後報盡命終，以業力牽引，仍當墮落，轉生其他五道。阿修羅道福報似天，而瞋恚心重，性好戰鬥，報終命終，當然亦墮落輪迴。

　　人道是以中品十善所獲之正報，通常說，人生有苦有樂，而事實上是苦多樂少。所謂人生之苦，在許多經論中都屢屢說到。《大智度論》上說苦有兩種，是內苦和外苦。《俱舍論》上說苦有三種，是苦苦、壞苦和行苦。《大乘義章》上說苦有四種，是生苦、老苦、病苦、死苦。《五苦章句經》上說苦有五種，是生、老、病、死苦，外加獄苦。《大涅槃經》上說苦有八種，即生老病死四苦，外加愛別離苦、怨憎會苦、求不得苦、五陰熾盛苦。《釋氏要覽》分析人生有十苦，即生老病死四苦，外加愁苦、怨苦、受苦、憂苦、病惱苦、生死流轉苦。《瑜伽師地論》更稱有十九苦，名目繁多，不再列舉。現在只就常說的人生八苦加以說明：

（一）生苦：

生苦是一切苦的根本，若無有生，即無眾苦，這是自理論上說。若自事實上說，納識成胎，即有十月胎獄之苦。出生之際，嬰兒初離母體，為外界寒冷或燠熱的空氣所刺激，對嬰兒嬌嫩的肌膚而言，其痛苦非可言喻。唯這種生理上的痛苦，一般人多不復記憶。

（二）老苦：

出生之後，發育成長，日漸健壯。惟在發育成熟之際，衰老朽壞的因子已開始滋長，終至於視茫茫，而髮蒼蒼，而齒牙動搖。老之對於女人而言，由明眉皓齒到雞皮鶴髮，其心理上的苦尤甚於生理上的苦。惟老是自然法則，誰又能逃此公例呢？

（三）病苦：

人自出生之日起，就與病結了不解之緣。兒童時期的天花、痲疹、腦炎、百日咳；中年時期高血壓、糖尿病、肺結核、胃潰瘍；以至老年時期的風濕痛、腦溢血、心臟病、癌症等等，在在的威脅著人的健康，予人以生理上和精神上的痛苦。尤其是年老之人，衰病侵尋，其心境之苦，可想而知。

（四）死苦：

死是自然法則，任何人無以避免，這是盡人皆知的事實。無奈「壯志未酬身先死」，每一個死者都有他未完成的壯志或心

願。再者，一生用盡心機所獲得的成果——名譽、地位、權勢、財富，以及妻子兒女等等，到一口氣接不上來時，就與自己毫不相干了，這豈能使人甘心？

並且到報盡命終，四大分離之際，嬌妻稚子，環繞榻前，牽腸掛肚。死者呼吸微弱，有口難言。人在將死之際，這一生的所作所為，善善惡惡，像電影似的一一自心識上映過，對於那些善的、無愧於心的行為，會感到欣慰平靜；對於那些惡的、有背天理良心的行為，會感到痛苦和恐怖。這時因痛苦和恐怖而招感地獄相現，業識受業力牽引墮入三途，死之痛苦，尚有甚於此者乎？

（五）愛別離苦：

語云：「樂莫樂兮新相知，悲莫悲兮生別離。」生離死別，實人間慘事。如青春喪偶，老來喪子，固然是悲痛萬分，即使不是死別，或為謀求衣食，或因迫於形勢，與相親相愛的人生離，又何嘗不感到痛苦？

然而，天下沒有不散的筵席，親如父子，近如夫妻，亦難終生相守，又何況其他呢？萬法無常，人生聚散也無常，這是無可奈何的事。

（六）怨憎會苦：

意氣相投的朋友，海誓山盟的情侶，恩愛情深的夫婦，承

歡膝下的子女，或生離，或死別，一切不能自主；但相反的，那些面目可憎，語言乏味，或利害衝突，兩不相容的人，卻偏偏聚會在一起，像這種可憎可厭的人，能夠終生不見，豈不眼前乾淨？無奈社會問題繁雜萬端，「不是怨家不聚頭」，在某些情況下，愈是彼此怨憎的人，愈會被安排在一處，如影隨形，好像再也沒有分開的時候，這豈不使人氣惱萬分？

這種情形，在家庭中說，如婆媳相處失和，夫婦感情變質，你視我如眼中釘，我看你似肉中刺；在社會上說，如同事間的傾軋，政敵間的鬥爭，有我無你，勢不兩立。稍為用心體會，誰身邊沒有憎厭的人存在呢？

（七）求不得苦：

想獲得某一件東西，經濟力量達不到；想謀求一個職位，僧多粥少爭不到；甲男愛上了乙女，而乙女卻屬意於丙男；自己的興趣是坐辦公室，但為了生活不得不做推銷員。類似這種情形，全是求不得之苦。

莫說求不得，即是第一個願望達到了，第二個願馬上又生出來。俗諺：「山谷易滿，人欲難平。」人的欲望是沒有窮盡的。誰會感到自己一切都滿足了呢？不滿足，即有所求，求不得，就是痛苦。

（八）五陰熾盛苦：

　　五陰就是五蘊，也就是色、受、想、行、識，即色、心二聚。我人的身心，是四大五蘊的和合體。此五蘊所聚的身心，如火熾燃，前七苦即由此而生，如色蘊熾盛，四大不調，而有疾病之苦；受蘊熾盛，領納分別，種種感受，使諸苦變本加厲；想蘊熾盛，想像追求，而有愛別離、怨憎會、求不得諸苦；行蘊熾盛，造作諸業，又為後來得報之因，且萬法因行而遷流不住，而有老衰之苦；識蘊熾盛，種種妄想分別，起惑造業，三世流轉，而有後世生死之苦。

　　上述八苦，生老病死四者，是我人肉體上、生理上的苦；愛別離、怨憎會、求不得三者，是我人心理上的苦；五陰熾盛苦是總括身心而說的。

　　惑、業、苦三雜染，是以過去之惑而造下了業，而有現世之苦；現世再因苦而起惑，以惑而造業，又種下了未來的生死之苦。惑、業、苦三者成了一個惡性循環，這樣，苦海沉淪中的眾生，就永難跳出生死輪迴了。

四、二種生死

　　什麼叫生死，我們一般人的說法，一定是出生與死亡，就叫生死。但何以有出生與死亡？這就不是一般人所能回答的了。這在佛典上有很簡單的解釋，那就是：一切眾生惑業所招，生者死，死者生，叫做生死。《楞嚴經》三曰：「生死、死生，生

生死死，如旋火輪，未有休息。」

　　原來眾生之生，「不從天生，不從自生，非無緣生，從因緣生」。生的因緣是什麼？那就是以過去的業力——由惑造業，造出的善善惡惡諸業為因，由煩惱——即貪、瞋、痴諸煩惱為緣，因而有「生」。這就是十二有支中的「無明緣行，行緣識」。

　　因緣所生之法，是生滅變異之法，這就是「無常」。故有生必有死，但死也不是無緣無故的死，是果報五蘊衰變、身壞命終曰死。那就是說，果報受盡，才入於滅相——死亡。

　　由於惑、業、苦的惡性循環——即由惑而造業，由業而受苦，由苦而起惑，如此展轉，使眾生在三界六道的生死海中，生生死死，輪迴不已。這在十二有支、三世兩重因果中已詳為敘述。

　　照佛典上說，生死有二種，一者曰「分段生死」，二者曰「變易生死」。前者指的是眾生輪迴六道凡身的生死，後者是指已斷得見思二惑、證阿羅漢果以上聖者之生死。茲先自分段生死說起。

　　分段生死，是指我輩凡夫，以諸有漏的善不善業——善惡之業，由煩惱障的助緣，所感得的三界粗異熟果——異熟果，即第八阿賴耶識，換句話說，也就是現在的生命體。現在的生命體，以宿世的因緣，於身則有長有短，於命則有壽有夭。故名分段。按分者，齊限義，就是百法中不相應行法的命根。段者，差別義，就是有情的五蘊色身。此差別身命有齊限，故曰

分段生死。《成唯識論了義燈》六曰：

> 言分段者，分謂齊限，即謂命根；段謂差別，即五
> 蘊體，捨此受餘有差別故……皆隨因緣有定齊限，
> 故名分段。

簡單的說，分段生死，就是有情眾生的一期生命，有情眾生，以過去的引、滿二業，感得今生的異熟果——今生的生命體。惟以宿世業力的關係，此一生的壽命長短各不相同，從中有身託生於母胎的初剎那，至未衰變前，總名曰生。到果報五蘊衰變以後，至身壞命終入滅相位，則名老死，此即一期生命之終結。

變易生死者，亦稱不思議變易生死，是諸無漏之善業，由所知障之助緣，所感得三界以外淨土的果報。這是已斷見思二惑，證得阿羅漢果以上的聖者之生死。所謂不思議，意謂或理之深妙，或事之希奇，不可以心思之，不可以言議之，曰不思議。在此處是指業用之神妙不測，曰不思議。變易者，轉換舊形名為變，代以他物謂之易。在此是謂三乘聖人於界外淨土所受之正報——變易身，此身無色形之勝劣，無壽期之長短，於此但迷想漸滅，證悟漸增，此迷悟之遷移，亦謂之變易。再者，聖者改易分段之身，而得不可思議殊妙之好身，亦曰變易。

在《成唯識論》中，於變易生死有三個名稱。一名不思議

變易生死，二名意成身，三名變化身。據唯識宗義，智增菩薩於「初地」以上即受變易生死身，悲增菩薩於「八地」以上始受之。照天台教義，謂四土中的方便有餘土，為受得變易身菩薩之所居。

分段生死與變易生死，在《勝鬘經》中又名「有為生死」與「無為生死」，即凡夫起有漏之諸業，感有為之果報，名有為生死；聖人起無漏之諸業，不受有為分段之果報，故名無為生死。

第十章 五法、五種、五重唯識

一、五法事理唯識

　　本書以唯識學為題，目的是以現代的語言文字，以深入淺出的筆法，來詮釋「萬法唯識」的奧義。因此，乃說百法，說五蘊，是萬有的分類；說五法，說三性，是萬有的體相；說八識，說種子，是萬法唯識的本源；說識變，說緣起，是萬法生起的因果；以至於說雜染，說十二緣生，是有情生死流轉的真相。在此，我們對唯識的綱要作一回顧，再進而探究唯識學的解脫法門——使我輩凡夫，如何由雜染還滅於清淨，由煩惱轉變為菩提。

　　唯識學立論，以為一切有情，各各有八個識，及遍行、別境、善、煩惱、隨煩惱、不定等六位心所。這八識心王，五十一個心所，各各的自體分，及由自體分所變的「相」、「見」二分，以至於色法十一，心不相應行法二十四，及由以上諸法的二無我空理所顯示的真如，雖然森羅萬象，體性萬殊，但總束而言之，最後仍歸納為心法、心所有法、色法、心不相應行法、無為法五種。

　　在以上五種法中，前四種是諸法的事相，第五種的無為法是諸法的理性。在四種事相法中，心法、心所有法、色法，是種子所生的實法；第四之心不相應行法，是依實法分位建立的

假法——就是既非心亦非色的法，而是於心、心所、色等法的
作用上假立的名稱。實法中前二種的心、心所法，是有緣慮作
用的心法；第三種是有質礙性的色法。以表示之如下：

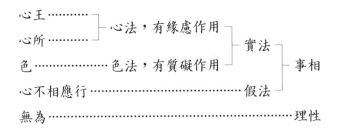

　　在以上五種法中，八識心王是識的自相，而六位心所，是
與心王相應之法，八識中任何一識現起時，與此識相應的心所
即隨順和合，同時現起。色法是八識及六位心所法之所變現。
心不相應行法，是以上三法分位差別的假法。無為法，是上四
法的實性，也就是諸法的實體、自性。上述的事理五法，總攝
宇宙萬有，這一切，皆非離識而別有自性，故總立識之一名，
此即所謂「萬法唯識」。以表示之如下：

二、五種、六門唯識

慈恩大師窺基所著的《大乘法苑義林章》中，以「五種」、「六門」，來總攝一切經論所說的唯識。所謂五種，是：（一）境唯識。（二）教唯識。（三）理唯識。（四）行唯識。（五）果唯識。所謂六門，是：（一）依所執辨唯識。（二）依有漏明唯識。（三）依所執及隨有為辨唯識。（四）依有情辨唯識。（五）依一切有無諸法辨唯識。（六）隨四趣有情所變各別辨唯識。茲再分別略述如下：

（一）境唯識：

謂經論中，就境以明唯識之義者。如《阿毘達磨經》說，鬼與旁生──旁生，即畜生，人與天，各隨其所感，其事相同，而所見各異，故境非真實，唯識所現。例如鬼、旁生、人、天人四類有情，各隨其類，同於一處，同見一河水，人之所見是河水，天之所見是寶嚴地，魚之所見是其窟宅，而鬼之所見則是膿河猛火。同一事而所見各不相同者，以能觀之「見分」的心識相異也！也就是這四類有情能變之識各不相同，其所變之境亦不相同。

因此可知，除識之外，更無外境，一切外境，唯識所變，以其為識所變，故境非真實。

（二）教唯識：

教唯識，是指經論中說唯識教義者。如大乘《華嚴經》說「三界唯心」、《解深密經》說「唯識所現」，以及小乘《阿含經》說「愛樂欣喜四阿賴耶」等等，這都是教唯識。

（三）理唯識：

理唯識，是指經論中成立唯識之理者。如《唯識三十頌》所說的：「是諸識轉變，分別所分別，由此彼皆無，故一切唯識。」成立唯識之理，及「彼依識所變，此能變唯三，謂異熟思量，及了別境識。」成立識變之理等，這些都是理唯識。

（四）行唯識：

行唯識，是指經論中闡明唯識之行者。行即修行，以修行對治有熏習氣，斷除惑障，熏習無漏，成究竟果。修行之道，在於修戒定慧三學，四尋思觀，四如實智，以及六度萬行等，皆行所攝，此為行唯識。

（五）果唯識：

果唯識，是指經論中闡明佛果的妙勝境界者。果，是依因位修行得悟的結果之位，這又有通有別。通則詮三乘聖果，別則顯佛的不共功德。經論中所說的大圓鏡智、無垢識法身等佛果的妙勝境界，皆是以行唯識修行所得之果。

以上五種唯識，教唯識是總體的能詮，其餘四種是所詮的別義。

窺基大師綜合唯識經論，歸納為上述五種唯識。然諸教系中說唯識時，或以義理，或就隨機，對於境唯識一條，復有種種異說，故《大乘法苑義林章》中，舉出六門類以統攝諸教。這六門是：

（一）依所執辨唯識：

如《楞伽經》說，由於自心執著，心似外境顯現，以彼外境非有，是故說唯心。

（二）依有漏明唯識：

如《華嚴經》說，三界唯心，以此彰明唯識。

（三）依所執及隨有為辨唯識：

如《唯識三十頌》說：「由假說我法，有種種相轉，彼依識所變。」我人所執著的二執——我執法執，都是因緣和合的有為法，亦即是假法，以此來彰明唯識。

（四）依有情辨唯識：

如第八阿賴耶識的淨分稱無垢識，無垢識是諸無漏法所依止，唯在如來地始可稱無垢，菩薩二乘以下持有有漏種，有漏

種可受熏習，成為清淨種子，故而心清淨則有情清淨，心雜染則有情雜染。

（五）依一切有無諸法辨唯識：

如《解深密經》說：「諸識所緣，唯識所現。」——諸識所緣的境，仍是阿賴耶種子變現出來的，以此來說明唯識。

（六）隨四趣有情所變各別辨唯識：

如本節境唯識所說，同一河水，人見之是河水，天人視之為琉璃寶嚴地，魚視之為其窟宅，鬼見之則為膿河猛火，以此來說明唯識。

三、三性、五重唯識觀

唯識學的宗旨，是「攝境從識體」，以體悟萬法唯識的中道之義。所以唯識宗的修行，略說則有觀境與修行二種法門，事實上，觀境也就是修行中的一部分，茲先自觀境說起。觀境，即是「唯識三性觀」。三性是什麼，就是遍計所執性、依他起性、圓成實性。

《大乘法苑義林章》云：

所觀唯識，以一切法而為自體，通觀有無為唯識故。

《阿毘達磨雜集論》曰：

> 一切法者，即三自性，謂遍計等，諸法緣生，本無
> 實我實法，妄情不了，執為實有，增益遍計，不了
> 依他圓成，起煩惱業，生死沉淪，今翻彼故，於三
> 性上，先簡捨遍計，次於依他圓成二性。觀圓成者，
> 識實性。依他中，心王者，識自相，心所者，識相
> 應，色者，識所變，不相應者，識分位。五法事理，
> 皆不離識，如是遣遍計，顯依圓，成萬法唯識義，
> 是曰唯識三性觀。

三性中的遍計所執性，是周遍計度，執心外之我、法，而此我法等類，畢竟不過迷情所現之妄相，但有假名，無其實體。二者依他起性，是種子所生的因緣法。色心諸法，依託他眾緣而生起，故名依他起。三者圓成實性，是依他起性所依的實體，也就是真如。

然而若分別此三性，則遍計所執，是心外之法，因「非有」而遮遣；依他起性、圓成實性，是心內之法，以「非空」而觀照。這就是「唯識三性觀」──唯字在此是「簡持」的意思，即簡去遍計所執性，而持取依他起、圓成實二性，而識字在此，是顯所持取的依他起、圓成實二性。

修此唯識三性觀，在實踐時並非一時通觀，而是由淺入深、

由粗入細的漸修，漸修的層次有五，稱為「五重唯識觀」。如《識論》云：

> 遍計所執性，唯虛妄識。依他起性，唯世俗識。圓成
> 實性，唯勝義識。是故諸法皆不離心。觀此唯識三性
> 理，自粗至細，五重觀法，是曰「五重唯識觀」。

這五重唯識觀，是：（一）遣虛存實識。（二）捨濫留純識。（三）攝末歸本識。（四）隱劣顯勝識。（五）遣相證性識。這裡所說的識，意思就是「唯識觀」。而此五重唯識，是「所觀」，不是「能觀」。而能觀唯識的「觀」，則是心所有法中別境位的「慧心所」。故《大乘義林章》謂：「能觀唯識以別境慧為自體。」

第一遣虛存實識：修觀之時，要觀凡夫的遍計所執，執的都是龜毛兔角之類，唯從虛妄分別而起，既無體又無用，應正除遣為空──遍計妄法，不外當情所現，情有理無，故名虛，也就是空；觀依他起性是諸法的事相，圓成實性是諸法的理性，皆不離識，以此二法是諸法的體相與理性，真實不虛，理有情無，應正存留為有，這就是空有相對的觀法。

第二捨濫留純識：在第一重觀法中，觀依他起性、圓成實性，皆不離識。然而此識，有能緣之心，有所緣之境。能緣心識之識體，又有「四分」。四分中的「相分」，就是外境，後三

分就是心識。但心唯內有，境亦通外，故在修此觀時，恐心境雜濫，無法得到正觀，所以必須「捨境留心」——捨去所緣之境的相分，留下後三分，唯就此後三分，進一步的修觀，這是心境相對的觀法。

第三攝末歸本識：在第二重觀法中，雖然捨去外境，唯觀內識，然而此識有本有末。所謂本，是心識的自體分——即自證分；所謂末，是自體分上，有能緣的見分與所緣的相分二種作用。因此，自體分是能變，見、相二分是所變；自體分是體，見、相二分是用；自體分是本，見、相二分是末。雖然在第二重修觀時，已捨去了境——即相分，但在第三重修觀時，把見、相二分攝歸於識之自體，唯就自體分修唯識觀，這是體用相對的觀法。

第四隱劣顯勝識：在第三重觀法時，攝末於本，唯觀識之自體。然而識的自體分，有心王、有心所，雖然心王心所，各能變現相見二分，但心王是所依、是主，心所是能依、是從，心王的作用勝，心所的作用劣。因此，必須隱蔽去作用劣的心所，以顯作用勝的心王。唯就心王的自體修唯識，這是王所相對的觀法。

第五遣相證性識：在第四重觀法時，雖然隱去心所，顯出心王，然而此心王，有事有理。事是相用，理是性體。在此必須捨遣依他而起的事相。唯就圓成實的性體，修證唯識理。這是事理相對的觀法。

五重唯識觀，以表示之如下：

五重唯識觀
— 遣虛存實識：遣遍計，存依圓（空有相對）
— 捨濫留純識：捨相分，留後三分（心境相對）
— 攝末歸本識：攝相見二分，歸自體分（體用相對）
— 隱劣顯勝識：隱心所，顯心王（王所相對）
— 遣相證性識：遣依他事相，證真如理性（事理相對）

以上五重唯識觀，第一重是總觀，後四重是別觀。

又，前四重是就依他起的識相觀唯識之理，故又稱「相唯識」；後一重是就圓成實的識性觀唯識之理，故又稱「性唯識」。如此由粗到細，展轉相推，至第五重時，悟唯識妙理總攝一切，遂進入理、智冥合，心、境玄會的境界了。

四、五性各別、頓漸二機

照大乘性宗——法性宗的理論，認為一切眾生悉有佛性，皆可成佛。其他大乘諸宗亦持此說，唯本宗——權大乘的法相唯識宗不同，在唯識學上把眾生分為五類種性，這五類種性，有的可以成佛，有的不可以成佛，這五類種性是：（一）聲聞種性，（二）緣覺種性，（三）菩薩種性，（四）不定種性，（五）無種性。在此分述如下：

（一）聲聞種性：

這是當佛之世，聞佛之聲教，悟四諦之理，斷見思二惑，而入於涅槃者。聲聞種性唯具生空無漏智種子，修四聖諦法，決定證阿羅漢果，所以這類種性的人不能成佛。

（二）緣覺種性：

緣覺又名獨覺，出於佛世，或不當佛世，觀十二因緣，或觀飛花落葉之外緣而悟道者，得證辟支佛果。緣覺種性者，以其唯具證緣覺果之生空無漏智種子，觀十二因緣決定證辟支佛果，所以也不能成佛。

以上二種性之人，只斷煩惱障，證我空理，無法成佛。

（三）菩薩種性：

菩薩具足稱菩提薩埵，菩提譯覺，薩埵譯有情。上求大覺，下化有情，稱曰菩薩，菩薩修六度萬行，斷煩惱、所知二障，證我空、法空真如，得菩提、涅槃二轉妙果，這類種性是決定可以成佛的。

以上三類種性，皆能證悟一定的證果，所以稱決定性有情。

（四）不定種性：

不定種性和以上三類不同，端視其修行的程度如何，以決定果位，他可以成聲聞、成緣覺，也可以遇著機緣轉成菩薩，證得佛果。

（五）無種性：

這種人，與以前四種相反。他不具三乘無漏種子，不能斷煩惱、所知二障，故在六道中沉淪生死，不能成佛——關於無種性，諸經論有不同的說法，不再細述。

不過，無種性的人，雖然不具三乘——聲聞、緣覺、菩薩三乘無漏種子，他所不具的應該只是這三乘的「習所成種」，以致斷了善根。並不是連「本性住種」也沒有。唯識學上雖然說諸有情有五種不同的種性，但這是就同時一切有情比較上說的，若就一個有情的三世而言，他現在善根雖然斷了，但未來還有續種善根的時候，以未來說，他仍有成佛或證二乘果的可能。

以上五種性，惟菩薩種性與不定種性，得證佛果；聲聞、緣覺二種性，但證二乘無學果，趣入無餘涅槃；無種性則不能證果，這就是「五性各別」說。

此外，唯識學上尚有大乘二種性的理論，修大乘菩薩行者，有情本身，必須具足無漏的菩提種子方可。但俱足了菩提種子是否可以決定成佛呢？這仍要視其因緣如何而定。因此，在大乘種性中，又有「本性住種」和「習所成種」二種分別。本性住種，是無始以來，依附於第八阿賴耶識，法爾具有的大乘無漏種子，但因善根未熟，未遇機緣，以致未發菩提心，自然也未能聽聞正法，以熏習種子使其發芽生長，所以就未能成佛。

習所成種者，是法爾具有本性住種的有情，已發心修行，

如是不定種性，迴心向大，漸漸修習佛果因行，起聞、思、修三慧，熏習其有漏善種，由此熏習之力，促使法爾本具的無漏種子增長，這就是習所成種。如《成唯識論》云：

> 何謂大乘二種種性，一、本性住種性，謂無始來，
> 依附本識，法爾所得無漏法因。二、習所成種性，
> 謂聞法界等流法已，聞所成等熏習所成。

習所成種性的菩薩行者，又有二種分別，一是頓機，一是漸機。以頓漸的不同，其證果的遲速亦各異。頓機的菩薩行者，是不修二乘行，直入菩薩道，故又名直往菩薩。這是以其無始來，第八阿賴耶識中具足無漏的菩薩種子，這就是五種性中的菩薩種性，也是決性種性。

漸機的菩薩行者，是指五種性中的不定種性，這是無始以來，其第八阿賴耶識中，並具三乘無漏種子，故先修二乘行，證聲聞緣覺果，然後迴心向大，趣入菩薩行位，求證佛果。

頓悟、漸悟菩薩，又各有二類，一是智增菩薩，二是悲增菩薩。智增，是智慧增上的意思。此類菩薩行者，斷惑證理自利的善根較多，而利生化物的利他行為較少。悲增，是大悲增上的意思，此類菩薩行者，以利生化物的悲願較盛，不欲速證菩提，而久住生死苦海，利益有情。

本書中屢屢說到「無漏」二字，在此就「漏」與「無漏」

加以詮譯。所謂漏，是煩惱的異名。漏是流注漏泄的意思，譬如容器有孔，漏泄不絕。以喻三界有情，由眼耳鼻等六瘡門，日夜流注漏泄煩惱而不止，故名漏，又，煩惱現行，使心連注流散而不絕，故名曰漏。《俱舍論》二十曰：

> 從有頂天至無間獄，由彼相續於六瘡門泄過無究，
> 故名曰漏。

唯識百法中，八識心王，六位五十一心所，十一種色法，二十四種不相應行都是有漏法，只有六種無為法是無漏法。無漏是對有漏而言，離開煩惱之法，就是無漏。無漏法，是離煩惱垢染的清淨法，也就是三乘聖人所得之戒定慧及涅槃。

一切有情、無始以來法爾本具的無漏菩提種子，其實就是「佛性」——一種成佛的勢能。也就是一切有情皆有的覺悟之性。性是不改之義，通因果而不改自體者是為性。這佛性，清淨湛寂，具足無量微妙功德。一切佛果上的功德在這佛性上完全具足。所以這佛性又稱為「如來藏」——真如在煩惱中，含攝如來一切果地之功德，就名如來藏。

一切有情雖有這本具的佛性——無漏的菩提種子，但因為有漏種的障礙，一切功能就無從顯現。正如種子置於沙漠中，就不會發芽生長，如果將沙漠改良為田地，再加以陽光雨露等助緣，種子就會發芽生長了。

因此，法爾本具的無漏種子，就是無始以來的本性住種。由聞正道增益善心所的功能，這善心所雖不是佛性，而能與無漏種的緣生相應，於是由無漏種先發生無漏智，由這無漏智再熏習善心所的種子，這就變為將來有成佛勢能的習所成種子了。

五、斷　惑

修唯識行，首在斷除惑障煩惱，而趣向悟道。在前述五種性之中，菩薩種性本來就具足了成佛的種子，但何以在三界六道的生死海中，頭出頭沒的輪迴不休呢？這是由於無始以來，成佛的種子為惑障煩惱所覆蔽，而有漏的雜染種子反覆熏習，致無漏的清淨種子不能開發出來。所以修習唯識，一方面要修唯識觀，一方面要伏滅斷除雜染法的煩惱種子。這種伏滅斷除惑障煩惱的過程，即所謂斷惑。

斷惑的途徑有三，一者自性斷，二者離縛斷，三者不生斷。茲分述如下：

（一）自性斷：

所謂自性斷的自性，指的是煩惱種子而言。這種染汙法的煩惱種子，僅通於心及心所，而不通於色法，自性斷就是在無漏智生起時，斷除這種染汙法的煩惱種子。但要斷煩惱種子，應先由伏滅而漸次斷除，這在後文修道章中將再為敘述。

(二) 離縛斷：

縛是繫縛，煩惱纏縛身心而不使自由，故曰繫縛。離縛斷，就是離斷纏縛身心的煩惱——一切有漏的雜染法，包括著善、惡、無記諸法在內。因為唯以染說，則煩惱局限於惡性；若言雜染，則包括善與無記在內，何以故，因有漏之善與無記，與煩惱的惡性相雜糅也。若斷其能縛的雜染煩惱，則其所縛的有漏自然斷而不生了。

換句話說，離縛斷是對五根五境不斷其自性，生無漏智、悉斷內心之煩惱，而使之對五根五境無所染著，此即斷五根境之繫縛。亦即是但斷能緣之縛，而非斷所緣之體。這是指「無學」之身，猶有五根五境在也。

(三) 不生斷：

在因果法中，如缺一切生法之緣，則法即畢竟不生，諸法不生，自無成果的可能。這又有二種情形，一者因亡果隨亡：如斷諸惡趣因的惑業——斷見惑，其總報惡趣之苦果則畢竟不生；二者果斷因隨斷：如上述其總報的惡趣果既然不生，其別報——即依報的果法，亦失其所依而自斷了。

以上三者，依自性斷、離縛斷所得之無為法，謂之擇滅無為；依不生斷所得之無為法，謂之非擇滅無為。

　　凡修唯識行的人，必須歷經上述三斷，方能斷盡一切有漏法，證得無漏淨法。但多生多劫熏習的煩惱種子，根深蒂固，到底是不容易根除的，故斷除之道，必先由制伏現行，令其作用不起著手，此即所謂伏滅。然後由伏滅而斷絕其種子，捨除其習氣，這叫做：伏現行、斷種子、捨習氣。而在修行過程中，以煩惱種類的不同，伏、斷、捨的時期亦不相同，大致是先捨易伏易捨的，後捨難除難斷的。

　　在修唯識行的過程中，是以「五位」漸修的。所謂五位，即一者資糧位，二者加行位，三者通達位，四者修習位，五者究竟位。而每一位有每一位所斷的惑障煩惱。例如分別起與俱生起二障，分別起的煩惱障與所知障二障是由外緣生起的，所以只與第六識──意識相應，其體相比較粗顯，於見道──即通達位前即可制伏現行。但其微細難斷的種子和習氣，則於斷道時捨斷。以此二障是見道時所斷，故名見惑。

　　相反的，俱生起的煩惱障和所知障，是無始以來熏習的，同時又與前六識及第七識相應，故其體相就微細而難斷了。因此，在見道前只能制伏前六識與此二障的現行，其他的現行、種子及習氣則於見道以後的修道位，以修習的方式來逐漸斷捨。此二障是以修道方式所斷，故名修惑。

　　在修惑中，煩惱障不是漸斷的，因煩惱障不障礙證菩提，故在十地中的金剛心時頓斷。因菩薩所求的是菩提智果，所以

可把煩惱障暫時置之不顧，而全力來先斷所知障。但亦以因此之故，修唯識行的菩薩，在七地以前，猶有煩惱生起。

在五位修行中，分別起的二種障，和俱生起的二種障，其斷捨的位次如下表（一）、（二）所示：

（一）分別起二障斷惑位次

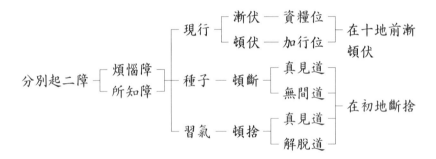

（二）俱生起二障斷惑位次

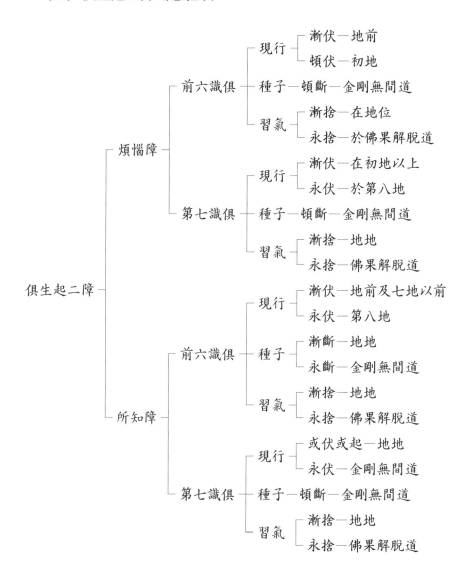

第十一章　修唯識行

一、三慧與三學

　　唯識宗的修行，有觀境與修行二法門，已如上章所述。而修行的目的，在對治有漏習氣，熏習無漏種子，以至於斷除惑障煩惱，趣向悟道。在修行的過程中，如戒、定、慧三學，四尋思，四如實智，以至於六度四攝，三十七道品，皆為所修。唯初入佛門，學習佛法，先要從聞、思、修這三慧上開始修習。

　　所謂三慧，具足名稱是聞所成慧、思所成慧、修所成慧。自初發心學佛修行時起，皈依三寶，受持五戒，由第六識——意識，及與意識相應的信、解、念、定、慧等心所為主，而聞、而思、而修持之。

　　《俱舍論》頌云：

　　　將趣見諦道，應住戒勤修，聞思修所成，謂名俱義境。

　　論曰：

　　　諸有發心將趣見諦，應先安住清淨尸羅（譯曰戒），
　　　然後勤修聞聞所成等，謂先攝受順見諦聞，聞已勤
　　　求所聞法義，聞法義已，無倒思維，思已方能依定

修習，行者如是住戒勤修；依聞所成慧，起思所成
慧，依思所成慧，起修所成慧。此三慧差別相云何？
毘婆沙師謂三慧緣名俱義，如次有別：

聞所成慧唯緣名境，未能捨文而親義故；思所成慧
緣名義境，有時由文引義，有時由義引文，未全捨
文而觀義故；修所成慧唯緣義境，已能捨文唯觀
義故。

這三慧之說，與修唯識五位中第二加行位的「四尋思觀」
相近，此留待後文再述。茲先粗釋其義：

聞所成慧，就是親近善師友，自善知識處聽了佛陀的教法，
自此所得的知見和智慧；思所成慧，就是在聽聞正法以後，善
自思擇所聞所了的一切經教，由此而得的知見和智慧。修所成
慧，是依修習禪定而生的智慧。這三者之中，前二種慧是「散
慧」，僅為發修所成慧之緣，修所成慧為「定智」，而有斷惑證
理的作用。

在「三慧」修習的過程中，包括了戒、定、慧三無漏學。
戒、定、慧三學是入道要門，由此三慧和三學，可以熏發善心
善念和善行。善心善念和善行增長，則惡心惡念惡行自被壓抑
而失去勢力。如此，善法勢力增長，可助成本有無漏種子的
生起。

三慧與三學的關係，如下表所示：

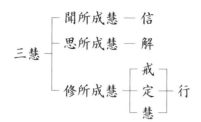

在三慧之中，聞所成慧是信，信是「百法」中心所有法的信心所。信者，是於諸佛之實體，與三寶的淨德，以及世出世法的善根，深為信樂，是名為信。《成唯識論》六曰：「云何為信，於實德能信忍樂欲心淨為性。」《大乘義章》二曰：「於三寶等淨心不疑為信。」故《華嚴經》有云：「信為道元功德母，增長一切諸善根。」

信有二種，一者信解，又稱解信，即自明見理，心無疑慮之謂。二者深信，又稱信仰，是「依人而信其言也」之信。如我人相信釋迦世尊是真語者、實語者、如語者、不誑語者，因此對世尊所明示的真理，確信不疑，這就是信仰。再者，與無貪、無瞋、無痴三善根相應之信是正信；與貪、瞋、痴三不善根相應之信是邪信。

三慧中的思所成慧是解。解有二義，一者是「釋」義，即釋文義而消疑滯之解，此又稱解釋。一者是「知解」之解，即謂見聞義理而生之心解，亦即由聞義理而思考，而判斷，而了解，而悟解，而加以抉擇。

　　三慧中的修所成慧是行。行者是身口意三者之造作，是行動，是行為，也是修行。《大乘義章》二曰：「有為集起，名之曰行。」

　　信佛學佛，是由信而解，由解而行。信而不解，是為盲目迷信；解而不行，有如說食不飽。所以由信而求解，由解而力行，是踏出修行的第一步。

　　修行的目的是在於斷惑證理，但聞所成慧和思所成慧只是散慧，必須以修所成慧——修戒定慧三學，才能以戒資定，由定生慧。由此正智妙慧，才能斷惑障、證菩提，因此，戒定慧三學，又稱「三無漏學」。《翻譯名義集》曰：

> 道安法師云：世尊立教，法有三焉。一者戒律，二者禪定，三者智慧。斯之三者，至道之由戶，泥洹（涅槃）之關要。戒乃斷三惡（貪瞋癡）之干將也！禪乃絕分散之利器也！慧乃濟病之妙醫也！羅什法師云：持戒能摧伏煩惱，令其勢微。禪定能遮煩惱，如石山斷流。智慧能滅煩惱，畢竟無餘。

　　在三無漏學中，言戒則有小乘戒、大乘戒之分；言定則有世間定、出世間定之別；言智慧，在因則有聞所成慧、思所成慧、修所成慧，在果則有道慧、道種慧、一切智、一切種智等等。若詳言之，則世尊一切經教，皆不出此三學，因限於篇幅，

於此不再詳述。

　　再者，修唯識行，六度四攝，三十七道品，皆為所修範圍，此則散見於一般概論書中，此處不贅述。

二、修道的階位

　　修小乘行者和修大乘的因位菩薩，其修行的情形完全不同。小乘法中的行者，聞佛之聲教，悟四諦之理，斷見思之惑，證阿羅漢果者；當佛之世，或不當佛世，宿因所萌，或觀十二因緣，或觀飛花落葉，獨自覺悟，證得辟支佛果者。此二乘行者，如改小向大，修菩薩道，在聲聞乘，要經三生六十劫的修行，方能證入無餘涅槃。這其間，三生是最速的勝機，六十劫是最慢的劣機。

　　以最速的勝機來說，其第一生是外凡位，在此位要修「順解脫分」。第二生是內凡位，在此位要修「順抉擇分」。第三生是聖位，得入聖證果。如以最慢的劣機來說，每位就要二十劫的時間。

　　緣覺乘修菩薩道，要經四生百劫的修行。四生是最速的勝機，百劫是最遲的劣機。四生中，第一生修聲聞的資糧，第二生修聲聞的加行，第三生修緣覺的資糧與加行，第四生則入聖證果。若在最慢的劣機，則每一位就要二十劫的時間。

　　大乘行的因位菩薩，要經過三大阿僧祇劫的修行，證人、法二空，斷煩惱、所知二障，才證入正果——證得菩提、涅槃

二勝果,就是究竟的果位,佛果。惟在其修行過程中,其間的階位,有五十二位或四十二位之多。

立五十二位者,見《華嚴經》、《菩薩瓔珞經》。是十信、十住、十行、十迴向、十地,以至於等覺菩薩、妙覺菩薩。立四十二位者,見《大智度論》,是把十信的十位攝入十住的初發心住中,而略去了十位。慈恩窺基大師更把等覺位攝入十地的第十法雲地中,這樣就成了四十一階位。在《成唯識論》中,復將四十一階束為五位,這五位的名稱是:(一)資糧位。(二)加行位。(三)通達位。(四)修習位。(五)究竟位。在這五位中,資糧、加行二位是方便道;通達、修習二位是無漏聖道;究竟位是佛果之位。

若把四十一位配以三大阿僧祇劫,則十住、十行、十迴向三十位是初阿僧祇劫。十地中的初地至七地是第二阿僧祇劫。第八地至第十地滿心,是第三阿僧祇劫。

下列二表,可供參考:

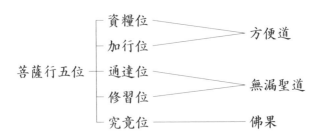

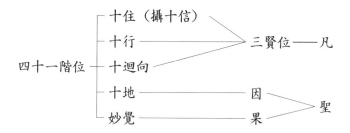

茲再分述菩薩行五位如下：

（一）資糧位：

資糧位是趣入菩薩道的初位，此位攝十住、十行、十迴向等三十心位，並且外凡位的十信心位亦攝入十住位的發心住中。此位又名三賢位，亦稱「順解脫分」——順為順益，分為部分，解脫即為涅槃，為定能感涅槃果之有漏善根，即順解脫分。修菩薩行者，在此位中，信解唯識之理，廣集福智資糧，以求佛果菩提，惟此位菩薩，定慧力較弱，止觀力亦不強，尚不能伏斷見相二分的煩惱種子。

（二）加行位：

於十迴向的滿心，即第十法界無量迴向位，欲證唯識實性，依於煖、頂、忍、世第一法四有漏善根，更修方便加行，故名加行位，亦名「順抉擇分」——抉擇，是見四諦之理的無漏勝慧，以四善根之功德，能順益其勝慧一分之見道抉擇智，使彼

出生，名順抉擇分。

（三）通達位：

通達位是指十地中的初地極喜地，在此位的菩薩，已證得一分無漏正智，體悟唯識實性的真如，這就叫做「見道」。見道位，是以根本智悟入唯識性，以後得智悟入唯識相。在根本智的斷惑位，叫真見道；在後得智的修習位，叫相見道。

（四）修習位：

修習位是自見道的初住地心，以至第十地出心金剛無間道位。修習是修習無分別智——即見道所見的真理。修習位又名修道位，自初地至第七地雜修有漏無漏二行，至第八地以上則無漏相續，煩惱不起，功德增進，悲增菩薩，於此受「變易身」，並歷經一大阿僧祇劫，證入菩提。到第九地得四辯自在，度生無礙位。第十地是滿心的金剛無間道，至此二障悉斷，就進入究竟位了。

（五）究竟位：

此位轉煩惱、所知二障為菩提、涅槃二果，修道至此至於終極。

《成唯識論》中，有一段闡述此五位唯識修行次第的文字，論曰：

何謂悟入唯識五位，一資糧位，謂修大乘順解脫分；
二加行位，謂修大乘順抉擇分；三通達位，謂菩薩
所住見道；四修習位，謂諸菩薩所住修道；五究竟
位，謂住無上正等菩提。

又曰：

云何漸次悟入唯識，謂諸菩薩，於識相性，資糧位
中，能深信解；在加行位，能漸伏除所取能取，引
發真見；在通達位，如實通達；修習位中，如所見
理，數數修習，伏斷餘障；至究竟位，出障圓明，
能盡未來，化有情類，復令悟唯識相性。

在《唯識三十頌》中，第一至十九頌，說的是唯識的相狀；
第二十至二十五頌，說的是唯識的體性。這二者皆是唯識的
境——境界。第二十六以下四頌，說的是唯識的行——修行的
過程；第三十頌是唯識果——果位，修唯識行所證的大覺佛果。
以下即自修唯識行的過程說起。

三、資糧位

資糧位，在唯識修行的五位中，只算是方便道，是大乘菩
薩修道的初位。言資糧者，譬如有人遠行，必先籌集貲財糧食，

以備途中所需。修唯識行亦然，必先要積聚下相當的智慧和福德，作為修行的資糧。智慧和福德如何積聚呢？那就是發菩提心，行菩薩道，修六波羅密、四攝法、四無量、三十七菩提分諸勝行。其中以慧為性者皆名為智，餘者即名為福。

修此位的菩薩，是以四種「勝因緣力」，而了解到唯識的道理，而開始修行的。所謂四種殊勝因緣之力，就是：1. 因力，2. 善友力，3. 作意力，4. 資糧力。茲分別概述如下：

1. 因力：因力就是大乘二種性的本性住種性和習所成種性。前者是無始以來本性中具足的種子，後者是聽聞法界等流的正法後，受熏習的習所成種子。
2. 善友力：是大善知識師友之力，而聞知唯識之理。
3. 作意力：是決定的勝解力，不受惡友的逆緣而破壞其向道的決心。
4. 資糧力：是行菩薩道所積聚下的智慧和福德。

在此位修行者，因初修唯識道，智慧力尚沒有增強，容易受外來因素的引誘而退失菩提心──即容易生出三種退屈心。三種退屈心是廣深退、難修退、難證退。

1. 廣深退：聞無上菩提廣大深遠，唯恐自力不及而生退屈心。

2. 難修退：聞布施等六度諸行難修，而生退屈心。
3. 難證退：聞諸佛菩薩的圓果難證，而生退屈心。

因此，在此階段，必以三事來對治這三種退屈心。即：

1. 應念已證菩提的諸佛菩薩，彼既丈夫我亦爾，而不退轉。
2. 應念行菩薩道，修六度萬行是人生正道，要勇猛精進，
　　而不退轉。
3. 應念他人所修的有障粗善尚不退轉，況我修此無障善根，
　　安能無所成就，而不退轉。

在初修的過程中，尚要滅除四種障礙，即：

1. 要捨離「聲聞」、「緣覺」的小乘思想。
2. 要堅信大乘的道理，不令退失。
3. 對一切所聞所思的法，不可生「我」與「我所」的執
　　著──即不可有「相對」的執著。
4. 對一切境界由其任運而行，不可有執著及分別。

修資糧位的過程，如《成唯識論》云：

　　從初發深固大菩提心，乃至未起順抉擇識，求住唯

識真勝義性，齊此皆是資糧位攝。

　　這段文字，尚須加以詮釋。所謂「大菩提心」，是簡別於聲聞、緣覺的二乘菩提心。「深固」是發深廣堅固的菩提心，不為世俗邪說所轉移。「抉擇識」，抉擇是智慧的功用，順者順益，順抉擇識，就是「二取空」的觀慧。此處不說「抉擇慧」而說「抉擇識」，是以初修唯識行的，其分別之心勝於觀慧，故稱識而不稱慧，「唯識真義性」，就是一切法的真如實性。這段文字是說：由初發菩提心修行，希求安住真如境界，在未起「抉擇分」的智慧以前，皆是資糧位的範圍。

　　資糧位，包括著四十一位中十住、十行、十迴向三十心。而十住的發心住中，又攝有十信心。這樣就有四十心了。現在分述如下：

（一）十住：

　　十住位，修菩薩行者，於此位安立其心。而於六度等行，尚未殊勝，故名曰住。

1. 發心住：此位菩薩，初發大菩提心，修「十信行」。所謂十信，是一者信心，謂信四諦三寶。二者念心，謂憶念三寶，不忘菩提。三者精進心，謂善心勇悍，三業共勵。四者慧心，謂以正慧簡擇惡見。五者定心，謂心寂靜而

不散亂。六者施心，謂樂於布施財寶教法等。七者護心，謂能護持正法，及餘九心，且守護六根門令不起煩惱。八者戒心，謂三聚淨戒無缺。九者願心，謂發四弘誓願。十者迴向心，謂上迴向菩提，下迴向有情。

2. 治地住：此位菩薩，淨修身口意三業，大悲一切有情，能生一切功德，有如大地能生萬物。

3. 修行住：此位菩薩，修勝理觀，起六度妙行。

4. 生貴住：此位菩薩，一切能依從佛法的教化，有如自聖賢正法中生，種性高貴。

5. 方便住：此位菩薩，所修善根，皆為救濟有情，利益眾生。

6. 正心住：此位菩薩，於一切毀譽，心定不動。

7. 不退住：此位菩薩，於所聞之法，心堅定不轉。

8. 童真住：此位菩薩，三業清淨，不受有情世間及器世間之染著。

9. 法王子住：此位菩薩，解真俗二諦理，悟法王之法，有如將襲法王位的王子。

10. 灌頂住：此位菩薩，明了佛法，如法修行，有如太子之堪受王位，因即位而加冕──灌頂。

（二）十行：

此位菩薩，修六度諸行，漸殊勝故，故稱曰行。

1. 歡喜行：此位菩薩，修「布施」行，能喜捨一切，不求
   名利，憐愍眾生，令見者歡喜，故稱歡喜行。

2. 饒益行：此位菩薩，常持三聚淨戒，不染五欲，並能令
   一切眾生也能持戒，饒益有情，稱饒益行。

3. 無恚行：此位菩薩，常修「忍辱」，謙卑恭敬，悟此身空
   寂，對一切怨敵都能忍受，稱無恚行。

4. 無盡行：此位菩薩，修「精進」行，歷經多劫，受諸劇
   苦，而不息其上求下化之心，精進不懈，曰無盡行。

5. 離痴亂行：此位菩薩，常住「禪定」，恆無散亂，於世出
   世間等一切法，乃至生死入住出胎，無有痴散，稱離痴
   亂行。

6. 善現行：此位菩薩，修「智慧」行，能悟人法皆無性相，
   故身口意三業寂靜，不受纏縛，不受染著，而能隨機教
   化眾生，稱善現行。

7. 無著行：此位菩薩，修「方便行」，對於空有兩端，通達
   無礙，對於事佛、求法、度生等，心無厭足，且又悟諸
   法寂滅，一無所著，稱無著行。

8. 尊重行：此位菩薩，修「願力」行，尊重善根智慧諸法，
   皆悉成就，由此更增益自利利他事業，稱尊重行。

9. 善法行：此位菩薩，修「力」行，成就四無礙陀羅尼門
   諸善慧法，能除眾生煩惱，能護持正法，令佛種不斷，
   曰善法行。

10. 真實行：此位菩薩，修「智」行，成就誠實了悟，能言行相應，身心皆順，稱真實行。

（三）十迴向：

此位菩薩，上為求菩提，下為度眾生，以所修之善根，迴向法界，故立迴向之名。

1. 救護眾生離眾生相迴向：此位菩薩，修六度四攝等行，悉為救濟一切有情，令離生死之苦，得寂滅之樂，而對一切眾生平等相視，不分怨親，曰離眾生相。

2. 不壞迴向：此位菩薩，於三寶發起不壞信，以己善根，迴向一切眾生，令獲善利，稱不壞迴向。

3. 等諸佛迴向：此位菩薩，學三世諸佛的一切悲、智。智是雖在生死，不染不迷；悲是修行迴向的事業。大悲大智，與諸佛等，稱等諸佛迴向。

4. 至一切處迴向：此位菩薩，以所修善根，供養三世諸佛，利益一切眾生，稱至一切處迴向。

5. 無盡功德藏迴向：此位菩薩，以修悔過的善根，因此得離一切業障；於諸如來及一切眾生所有的善根，皆悉隨喜；由此隨喜所得的無盡善根，迴向莊嚴諸佛淨土。以種種善巧方便來成就一切功德，而無有虛妄，無有染著。

6. 隨順一切堅固善根迴向：此位菩薩，以手足身命妻子珍

寶等內財外財，隨眾生之希望，施與眾生，以身代眾生受苦，迴向一切眾生，令得大智慧，滅除苦惱，曰隨順一切堅固善根迴向。

7. 等心隨順一切眾生迴向：此位菩薩，能增長一切善根，永離顛倒，不著諸行，迴向所修善根，為一切眾生作功德藏，令眾生脫離生死，亦得一切善根，稱等心隨順一切眾生迴向。

8. 如相迴向：此位菩薩，成就正念正智，心無依著，不動不亂，能隨順一切平等正法，莊嚴佛土，成就眾生，皆隨順著真如平等之相，稱如相迴向。

9. 無著無縛解脫心迴向：此位菩薩，於所修善根，離開憍慢等所有縛著，得解脫心，以無縛著解脫之心，迴向一切眾生，饒益一切眾生，此即是同體大悲，稱無著無縛解脫迴向。

10. 法界無量迴向：此位菩薩，受大法師記，說法利生，嚴淨世界，智慧如同虛空，不可限量；由此善根迴向，等同法界，稱法界無量迴向。

修大乘唯識行，由因到果，須經過三大阿僧祇劫，這皆是行菩薩道的因行。到因行修滿，方證佛果。初修的資糧位，始發菩提心，為眾生求解脫，這時名「順解脫分」。其次的加行位，是為求解脫而觀究法相，這時名「順抉擇分」。修此二位，

要一大阿僧祇劫的時間。

　　《唯識三十頌》的第二十六頌，是對資糧位而說的。頌曰：

> 乃至未起識，求住唯識性，
>
> 於二取隨眠，猶未能伏滅。

　　頌中首句的「乃至未起識」，識指的是抉擇識。「唯識性」，就是一切諸法的真如實性。「二取」是「能取」與「所取」——能取就是我人的主觀心識，所取就是心識所對的客觀外境。「隨眠」，是種子的異名，「伏滅」是壓制的意思，如草被石壓而眠伏未起，如壓力減輕，隨眠種子即重起現行。

　　這全頌的意思是：修唯識行者，在發起抉擇識之先，就發大菩提心，希求安住於唯識性——真如境界中。然以功力未深、智慧未生，故其「二取」種子，猶未能伏滅斷除，故未能安住於真如境界中也！

四、加行位

　　加行位，是於十迴的「滿心」——修滿十迴向中的法界無量迴向後，再勤修「四加行」的階位，這階位跡近見道，故稱「順抉擇分」。意思是隨順真如境界，生起抉擇的智慧。所謂勤修四加行位，就是修「四尋思觀」、「四如實智觀」。在這兩種「四觀」中，得煖、頂、忍、世第一法四善根，這是為入於見

道位,通達於真理之方便加行,故稱為加行位。

在資糧位,喻如有人遠行,先要籌集資財糧食。故修行菩薩,修六度、四攝、三十七道品,救度一切有情,使離生死苦海,共得涅槃之樂。惟此一階段所修,是福德重於智慧。而在加行位所修者,是智慧重於福德。故在此位要修四尋思觀、四如實智觀,以伏斷分別起的二障,和俱生起的現行二障。

四尋思觀,是名、事、自性、差別四種尋思觀。名者,是能詮的名言。事者,是所詮的體義。自性者,是名義的體性。差別者,是名義的差別。茲分述如下:

(一)名尋思觀:

名是一切事物的名稱。在一切事物的名稱上去推求觀察,則知所謂名者,皆是吾人心識上所假立,與實事無關。僧肇法師曰:「物不即名而就實,名不即物而履真。」又曰:「以名求物,物無當名之實;以物求名,名無得物之功。」而眾生不了此義,唯執名求實,由此生出種種煩惱。由此推求名是假立的,虛妄不實,就是名尋思觀。

(二)事尋思觀:

事者事物,即有體有相之實物,如五蘊,如十二處,如山河大地、人牛羊馬等,這一切事物,都是見聞覺知的對象,離開名稱,以此推求諸事物,則事物與名無關。以名推求,就不

會得到事物的真實，因一物可有多名，一名也可指多物。故依名取事，則易起錯覺。但在常識上則認為名與事是有關連的，那是習慣，是久遠和現前的熏習所成的。由此吾人就執著於語言、文字、習俗教化等，以名求實。惟求真理，就要如實的觀察，要離開假立的名字，去觀察事物的實體。

離開假立名字的事物，並非實體，那是吾人心識上變現的相分，是因緣和合所成，離識則非有。世人妄執為實法，而生出顛倒。由此尋思，謂之事尋思觀。

（三）自性尋思觀：

自性即每一法的自體性。有為諸法，如色受想行識等，都是因緣和合之法，皆無自性實體，皆是唯識所現，離識非有。由是尋思，漸悟諸法之名事自性皆空，謂之自性尋思觀。

（四）差別尋思觀：

即觀察名與事上的差別相，名之差別，如一言、多言，事之差別如長短、方圓、善惡、美醜等，一一法上，各有差別相。唯此差別相，亦皆是假有實無，由此尋思觀察，而體悟諸法法相空性，是謂差別尋思觀。

以上四觀，是唯識止觀最初入門的觀法。由此觀察，可知諸法假立。且上四觀只限於有漏法與所取的對境，故只是一種

加行智。由修以上四尋思觀為因，發生四種印可決定智，就是四如實智。

四如實智者，是：

1. 名尋思觀所引生之如實智。
2. 事尋思觀所引生之如實智。
3. 自性尋思觀所引生之如實智。
4. 差別尋思觀所引生之如實智。

如實智，是知諸法實相之智。前述四種尋思觀，是觀察、推求，以如實智未生起，未能決定。由修四尋思觀為因，發生四種印可決定智，如實遍知名、事、自性、差別等四者，皆假施設，方便安立，唯識所現，離識非有，這就是如實智。

若不修四尋思觀，則不能得如實觀境之智。未得如實智，總是妄想分別，不能入唯識實性。所以要入唯識性，必自四尋思觀修起，由四尋思觀而生四如實智，以此為進入唯識實性的門徑。

修四尋思觀和四如實智，要歷經四種位次——即是煖位、頂位、忍位、世第一位。四位之中，前二位修四尋思觀，觀所取空；後二位修四如實智，觀能、所二取皆空。以表示之如下：

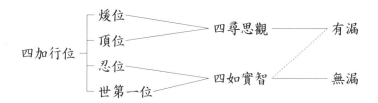

四加行位，又名四善根位，在這四位中，煖是下品的尋思觀，頂是上品的尋思觀；忍是下品的如實智觀，世第一是上品的如實智觀。這四種觀，是由於明得、明增、印順、無間等四種定發出的，故此四觀以四定為體。茲分述如下：

（一）煖位：

《成唯識論》曰：「依明得定，發下尋思，觀無『所取』，立為煖位。」

論中的「明得定」，明是光明，也就是智慧。光明是煖性，故立煖位。《俱舍論》曰：「聖道如火，能燒惑薪，聖火相前，故名為煖。」

菩薩依明得定發下品尋思觀，觀名、事、自性、差別四者，通是所取所緣的對象境界，這些境界皆依識假為施設，非實有性，離識即不可得，以此來伏斷所取的空境。

（二）頂位：

《成唯識論》曰：「依明增定，發上尋思，重觀所取無，立

為頂位。」

明增定，是智慧增長的意思，在智慧增長後，再進一步觀察「所取」境空。修尋思觀至此達到絕頂，故稱頂位。

《俱舍論》曰：「動善法中此法最勝如人頂，故名為頂法。」

（三）忍位：

《成唯識論》曰：「依印順定，發下如實智，於無所取決定印持，無能取中，亦順樂忍。」

印順定的印，是印可決定的意思。印順，是印前順後，就是印持前面四觀尋思觀、所觀「所取」之名、事、自性、差別等外境，皆空無自相，同時能取的心識亦不可得。所謂：「所取既無，能取亦空。」印前所取無，順後能取無，稱印順定。

忍，是印可達悟的意思。發印可智，忍境識空，故名曰忍。忍有上、中、下三品，今從略。

（四）世第一位：

《成唯識論》曰：「依無間定，發上品如實智，印持二空，立世第一位。」

在上述忍位中，唯印可「能取」空。在此世第一位中，印可決定「能取」、「所取」二空，此在世間有情之中，最為殊勝，

故名世第一法。

世第一位至見道位，中間無有間斷，名無間定。

四加行的四階位所觀所證，如下表所示：

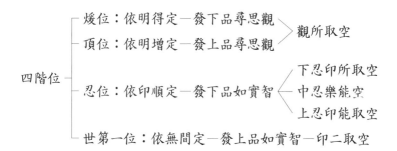

在《唯識三十頌》中，對於資糧位的修行，說是：「乃至未起識，求住唯識性，於二取隨眠，猶未能伏滅。」那是說，初修唯識行的菩薩，其抉擇識尚未生起，雖然希望安住於真如實性的境界中，惟其心識上「能取」與「所取」二類種子猶未伏滅，故未能安住於唯識的實性之中也。

資糧位的情形是：

$$資糧位 \begin{cases} 二取隨眠 \longrightarrow 未伏滅 \\ 唯識性 \longrightarrow 未能住 \end{cases}$$

《唯識三十頌》的第二十七頌，是針對加行位的修行而說的，頌曰：

> 現前立少物，謂是唯識性，
>
> 以有所得故，非實住唯識。

　　在資糧位中，由於「能取」、「所取」二種煩惱種子未能伏滅，故未能安住於唯識性——真如境界中。而在此加行位中，我人主觀的心識——能取，與心識所對的客境——所取，已在煖、頂、忍、世第一及四觀四智中，印可「二取」皆空，似乎是真如境界已顯現於前，但此時還有一點障礙，那就是「現前立少物，謂是唯識性」。

　　唯識真性——真如境界，是非空非有的境界，雖得而無所得，方能實證。但在加行位中，行者於修四觀四智之當前，而其心識上仍然有假立（施設）的少物，以為那能觀「所取」與「能取」為空的是唯識實性——真如境界是非空非有的，就是由於現前立了這一點「少物」，這就成了「有所得」。而有所得就是執著，而執著即是戲論，這就不是真實的安住於唯識實性中了。故《成唯識論》曰：

> 此四菩薩，所修四觀四智，皆帶相故，未能實證（真
> 如），故仍立少物（唯識性），以帶相觀心，有所得
> 故，非實住唯識。

　　如何才能實住於唯識性中呢？那要修到通達位，到了無所

得的時候，才能實住於唯識性中。如下表所示：

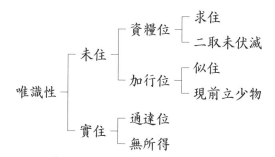

第十二章　斷道證果

一、通達位

修唯識觀，就是修證唯識的實驗境界。這實驗境界要經過五個位次，就是資糧位、加行位、通達位、修習位、究竟位。在資糧位中，未住入真如境界，「二取」亦未伏滅。在加行位中，似住於真如境界，但以「現前立少物」，有所得的執著猶在，這就不是真實安住於唯識性境之中了。現在我們繼續看通達位的所修所證。

通達二字在此是體會的意思。此位菩薩，發無漏智，體會出真如實相的境界，故曰通達。原來我人自無始以來，被煩惱、所知二障，障覆真如，致不能如實的了知諸法實相。因此顛倒妄想，起惑造業，沉淪苦海，受諸苦惱。自立志學佛，唯一的目的是打破二障，以證真如。

可惜的是，自發心學佛，歷多生多劫，仍未能通達此真如理性。直至世第一位後方始通達，微見真實，這時才進入通達位，也就是所謂「見道」。此見道位所見之道，即二空真如，也就是菩提實相、唯識實性。

在此位上，其時於觀一切所緣之境，皆如幻如化，了無所得；而所生智慧，亦如幻如化，亦無所得。蓋前位以有所得故，則不能住唯識實性；此位無所得，故於此時能安住唯識實性。

前位有所得，尚未能離能取所取之相，而此位遠離「二取」之相，故能無所得。《唯識三十頌》之第二十八頌曰：

> 若時於所緣，智都無所得，
> 爾時住唯識，離二取相故。

在加行位時，所修四觀四智，以皆帶相故，未能證實真如，惟雖有所得，已能帶相觀空。觀所取之境空，印能取之心空。以有所得故，未實住於真如。而在此通達位上，不但所取之境空，能取之心空，即能觀之智亦空，亦即能緣所緣皆空。而實證此二空境界之智，就是無分別智，無分別智是諸智的根本，故又名為根本智。

因為無分別智所觀的真如境界是無分別的，故能觀之智亦無分別，以無分別智親證真如，所觀境無所得，能觀智無所得，故頌云「智都無所得」。

以「智都無所得」，自然是已離能取所取之相。離此二相，此智與真如平等無二，這就是真見道的境界。在此境界之前，資糧加行二位，是菩薩因行中的賢位。到此境界，即入十地位的初地，是菩薩的第一聖位，此是由凡入聖的關鍵，到此已如生如來家，名法王子。

無分別智是諸智的根本，又名根本智。依此無分別的深智，先親證法性，然後更起有分別的淺智，了知一切差別相之如幻

俗事，這又名後得智。見道的菩薩，就是以此二智——根本智
與後得智，緣真俗二境的。

　　見道位是以根本、後得二智，悟入唯識性相的。故以根本
智斷惑的，叫做真見道；而以後得智修習的，叫做相見道。

　　所謂真見道，是於見道位起無漏根本之無分別智，悟唯識
真如之理。換言之，是以根本無分別智，證見二空真如，斷二
種障；由二空所顯真如，了達我法二空，同時斷分別俱生煩惱
及分別所知障。但於此又有無間道和解脫道的二種分別：

（一）無間道：

　　是於加行位的無間，發「生」、「法」二空的無別智。以生
空的無分別智，斷分別起的煩惱種子；以法空的無分別智，斷
分別起的所知障。

（二）解脫道：

　　正證無間道斷二障的種子所顯的真如，兼斷二障習氣。雖
經多念，而能念念理智冥合，前後相等。明白的說，已斷惑己，
正證理之智曰解脫道。換句話說，無間道乃前念之因道，而解
脫道是後念的果道。

　　所謂相見道，是與真見道相對而言，即謂於真見道之後，
起後有分別之智慧，對於前之無分別智所證之真理，再分別變

真如之相分，擬於真見道而觀念之位，於此又分為二種，即三
心見道、十六心見道：

（一）三心見道：

　　就是以依他的相分，觀「非安立諦」。諦即真如，唯真如不
可在虛妄心上和假智上安立，故名非安立，這是大乘所觀，這
又分為三種：

1. 內遣有情假立緣智：是緣有情內身為假而無體的智慧。
　 即生空根本智，證生空真如，能斷粗分別煩惱種子。
2. 內遣諸法假立緣智：是緣一切諸法假有實無的智慧。緣
　 內身遣諸法假，即法空根本智，證法空真如，能斷粗分
　 別所知障種子。
3. 遍遣一切有情諸法假立緣智：是總緣我法為假的智慧。
　 遍緣內外一切有情諸法而遣為假，即俱空根本智，證二
　 空真如，能斷細分別二障種子。

（二）十六心見道：

　　即觀安立諦。安立是施設的意思，安立諦就是觀四諦差別
的意思。這又有二種差別，一者觀所取能取；二者觀上下八諦。
所取能取十六心觀是：於苦、集、滅、道四諦，各有法智忍、
法智、類智忍、類智等四心，合為十六心。

上下八諦十六心觀是：於三界中，觀下界——欲界四諦，
各有法忍、法智；上界——色界、無色界四諦，又各有類忍、
類智，故共有上下八諦十六心。

十六心見道，是小乘所修證的。

下列二表，可供參考（見下頁表一、表二）。

通達位，是「智都無所得」的境界。以智都無所得，故「爾
時住唯識」。在此，我們將空宗的無所得，與有宗的無所得作一
比較。空宗，是以六百卷《大般若經》為代表，而以全文兩百
六十字的《般若心經》為精要。《心經》經文曰：

> 觀自在菩薩，行深般若波羅蜜多時，照見五蘊皆空。

「五蘊皆空」，是「所取空」——所取之境空。
經文曰：

> 舍利子！色不異空、空不異色，色即是空、空即是
> 色。受、想、行、識，亦復如是。

「受、想、行、識」空，是「能取空」——能取之識空。
經文：

表一：三心見道——觀非安立諦

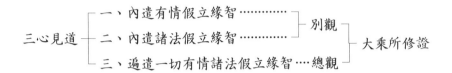

三心見道
一、內遣有情假立緣智 ……………
二、內遣諸法假立緣智 …………… 別觀
三、遍遣一切有情諸法假立緣智 …… 總觀
大乘所修證

表二：十六心見道——觀安立諦

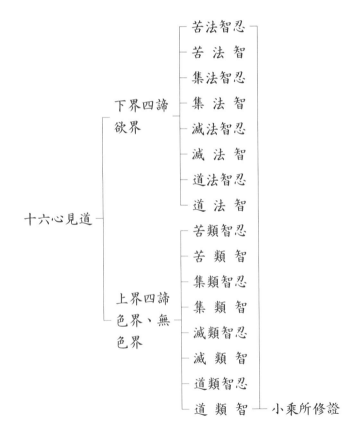

十六心見道

下界四諦
欲界
苦法智忍
苦 法 智
集法智忍
集 法 智
滅法智忍
滅 法 智
道法智忍
道 法 智

上界四諦
色界、無
色界
苦類智忍
苦 類 智
集類智忍
集 類 智
滅類智忍
滅 類 智
道類智忍
道 類 智

小乘所修證

是諸法空相，不生、不滅、不垢、不淨、不增、不減。

　　諸法空相，就是真如實相，真如實相本來沒有所謂緣聚則生，緣散則滅；也沒有所謂隨流為垢，出障為淨；以及悟時增加，迷時滅少等虛妄之相。事實上，這也就是唯識之性。

　　經文：

　　　是故空中無色，無受想行識，無眼耳鼻舌身意，無
　　　色聲香味觸法，無眼界，乃至無意識界，無無明，
　　　亦無明盡，乃至無老死，亦無老死盡，無苦集滅道，
　　　無智，亦無得。

　　在真如實相──即唯識之性中，沒有有為法的五蘊、十二處、十八界；也沒有二乘所修的十二因緣、四聖諦；甚至於也沒有大乘菩薩所證的般若正智，以及由般若正智所證得之理──我法二空的空相。這一路破遣，有如風掃浮雲，將凡聖所依的世出世法，滌蕩盡淨，以至於「凡聖情盡，智慮都亡」。至此，此真如實相、唯識實性，靈明洞徹，無一法滯留，有如萬里無雲，皓月當空。

　　唯識與《心經》相比，如下表所示：

$$
\text{唯識與《心經》相比}
\begin{cases}
\text{能緣}
\begin{cases}
\text{唯識—智無得} \\
\text{心經—無智}
\end{cases} \\
\text{所緣}
\begin{cases}
\text{唯識—識性無得} \\
\text{心經—亦無得}
\end{cases}
\end{cases}
$$

二、修習位

修習位亦名修道位,在前述的見道位中,惟在十地中的初地入心。今所說的修道位,則從初地住心,乃至第十地終,金剛心、無間道,如此長劫修習,全是修道位所攝。

再者,在修道位中,由初地到十地,每地又分入、住、出三心,而每一心,又分為加行、無間、解脫、勝進四道。即初起加行,次起無間,又次起解脫,再次起勝進,念念增強。如入心有加行、無間、解脫、勝進四道,出心、住心亦各有四道。

在修道位中,數數修習無分別智,捨斷二障粗重——二障粗重,就是煩惱障所知障種子。粗重也是種子的別名。二障粗重也就是二取習氣,這是二種生死的根本,故名粗重——到此便能證得廣大轉依。轉依,後文再詮釋。現先略說十地的修斷證果的差別:

(一)歡喜地:

始入見道、見證二空,能自利利他,故生大歡喜,曰歡喜

地。此位菩薩，遍修布施波羅蜜多，修財施、法施、無畏施行，斷異生障。因初地前尚未入聖門，仍為凡夫（即異生性），至見道入地，即超凡入聖，故斷異生障。在此位初證遍行真如，以此真如境，無所不遍，猶如虛空，故名遍行真如。

（二）離垢地：

在此地一切犯戒垢，無論粗細，盡皆遠離，名無垢地。此位菩薩，修戒波羅蜜多——即攝律儀戒、攝善法戒、饒益有情戒等，常無違犯，乃至細行，亦無違越，戒行圓滿，斷邪行障，遠離一切障垢，得最勝真如。

（三）發光地：

謂成就勝定，能發無邊妙慧，曰發光地。此位菩薩，修忍辱波羅蜜多——耐怨害忍、安受苦忍、諦察法忍，修此忍耐行，斷暗鈍障，證勝流真如。勝流真如，亦名法界等流真如。

（四）燄慧地：

謂得最勝覺，即以智慧火，燒滅煩惱薪，故曰燄慧地。此位菩薩，修精進波羅蜜多——即披甲精進、攝善法精進、利益有情精進。斷微細煩惱現行障，證無攝受真如——此真如不屬我法二執所攝受故。

（五）極難勝地：

謂真俗兩智——即根本智與後得智，互相違返。即根本智無分別，而後得智辨析世俗事則有分別，在此地應修之令合，互相融攝，此事甚難，煞費力故，曰極難勝地。此位菩薩，修靜慮波羅蜜多——即安住禪定之安住靜慮、引發清靜無漏智慧之引發靜慮、辦事時亦不離禪定的辦事靜慮。斷下乘涅槃障——下乘即二乘，若入二乘涅槃，則不能成佛利生，故以此為障。斷得此障，證類無別真如。

（六）現前地：

謂觀諸法緣起，有勝智故。能引發最勝般若令現前，故曰現前地。此位菩薩，修般若波羅蜜多——修生空般若斷我執障、修法空般若斷法執障，及二空般若雙斷二執障。修此般若行，了知緣起即是性空，性空即是緣起，事理無礙，乃至事事無礙，引發根本最勝無分別智，斷粗相現行障——即俱生所知障。此障有染有淨，斷此障已，證無染淨真如。此即生滅不二，淨染不二的性空智境。

（七）遠行地：

謂至無相住功用後邊——由深觀無相故，一切境相不能動搖，住於無相。然於無相住猶假功修，但此功修已至究竟，故曰無相住功用後邊。即此位菩薩，不著常樂我淨相，修方便波

羅蜜多——修迴向方便及濟拔方便。自己所作一切善法，迴向廣大菩提，此即大智；以種種方便濟拔眾生，此即大悲。有此悲智二種方便，故能遠行。此地斷細相現行障，證法無分別真如。

（八）不動地：

謂無分別智，任運相續，一切無有動其心者。菩薩修唯識行，在五地以前，有相觀多，無相觀少。六地以後，無相觀多，有相觀少。入第七地純無相觀，然須加行。八地以上，根本無分別智，任運相續，不用加行，亦能現前，不為一切煩惱、一切境界所動，稱不動地。此位菩薩，修願波羅蜜多——即求菩提願、度眾生願。此二願初發心以來，即已具足，然或有時而不現行，八地以後，此二心願常時現起而不間斷。至此斷二相中作加行障，證不增不滅空性真如。

（九）善慧地：

謂成就微妙四無礙智——以此智慧微妙，故名善慧，此位菩薩，修力波羅蜜多——一者思擇力，二者修習力。有此二力，得四無礙智，恆常說法，廣度有情，斷利他不欲障行，證自在所依真如。

（十）法雲地：

謂得總緣一切法智，具足自在，能藏眾定慧功德，能隱覆
無邊惑障，猶如雲蔭作大法雨，曰法雲地。此地的出心即名滿
心，證業自在所依真如，正斷佛果障，喻如金剛，名金剛心，
於此心中，無間道、一剎那頃，諸有漏種前未捨者，至此一切
頓斷，便證極果，入究竟位。

　　這十地的行位如下表所示：

十地行位
- 歡喜地—修布施度，斷異生障—證遍行真如
- 離垢地—修持戒度，斷邪行障—證最勝真如
- 發光地—修忍辱度，斷暗鈍障—證勝流真如
- 燄慧地—修精進度，斷微細煩惱現行障—證無攝受真如
- 極難勝地—修禪定度，斷下乘涅槃現行障—證類無別真如
- 現前地—修般若度，斷粗相現行障—證無染淨真如
- 遠行地—修方便度，斷細相現行障—證法無別真如
- 不動地—修願度，斷無相中作加行障—證不增減真如
- 善慧地—修力度，斷利他不欲行障—證智自在所依真如
- 法雲地—修智度，斷諸法未自在障—證業自在所依真如

　　《唯識三十頌》的第二十九頌，是針對此修習位而說的。
頌曰：

　　　無得不思議，是出世間智，
　　　捨二粗重故，便證得轉依。

本頌的意思是：無分別智，是一種能、所兩空，「無智，亦無得」的空慧。這種智慧不可思議，是一種出世間的智慧。它能捨滅煩惱障及所知障的種子，以此便會證得菩提和涅槃二轉依果。

文中的「粗重」二字，仍是種子的異名，現在我們來探究轉依二字的意義。轉依，就是菩提涅槃之二果。轉者，轉捨、轉得之義，依者，所依之義，所依指的是第八識。第八識是依他起性之法，此識藏有煩惱、所知二障的種子，亦藏有無漏智──即菩提種子。且第八識的實性，就是圓成實性的涅槃。此中二障種子為所轉捨之法，菩提與涅槃為所轉得之法。如此則第八識為所轉捨之二障與所轉得之二果(即菩提與涅槃二果)之所依，故名轉依。

亦即因今修聖道，轉捨其第八識中煩惱障種子，轉得其實性之涅槃。又轉捨第八識中所知障種子，而轉得其中無漏之真智──即菩提，即謂之轉依。而所轉得的菩提與涅槃，稱為二轉依之妙果。《成唯識論》九曰：

> 由轉煩惱障得大涅槃，轉所知障證無上覺，成立唯
> 識，意為有情證得如斯二轉依果。

頌文稱：「捨二粗重故，便證得轉依。」但這十個字，說來容易，行時艱難。行者修唯識行，由初發心以至成佛，要三大

阿僧祇劫的時間。在地前的十住、十行、十迴向三十位，是初阿僧祇劫；由初地至第七地，是第二阿僧祇劫；由第八地至第十地滿心位，是第三阿僧祇劫。

劫的梵語 Kalpa，音譯劫波，略稱曰劫，意為時分、長時、大時等。劫有大、中、小之分，據《瓔珞經》說：有八百里立方的大石，每一百年天人會下降一次，以其所穿的淨居天衣拂拭石面，至此石被磨滅為止，叫做一大阿僧祇劫，此又稱為拂石劫。拂石劫，是一段不可思議的「長時」，由此可見修行之難。

三、究竟位

《唯識三十頌》最後一頌，頌究竟位曰：

此即無漏界，不思議善常，
安樂解脫身，大牟尼名法。

究竟位，事實上就是佛位。按佛位，諸漏永盡，清淨圓明，故稱「無漏」。界是藏的意思，此中含藏無邊希有大功德。諸佛法身，不可執有，不可說無，離諸分別，絕諸戲論，故曰「不思議」。善者微妙之淨法，遠離生死；常者盡未來際，恆無變易。佛果轉依，清淨自在，故曰安樂。斷二障己，永離繫縛，名解脫身。牟尼者，寂默義。得二轉依，成就最上寂默，曰大牟尼。法者，法性身。具足無邊無漏功德聚，故稱法身。

　　這一頌說的是佛果，事實上，在前修習位第十地盡，即是佛果究竟的境界，此頌所說者，說轉依果的別名——即佛果。頌首的「此」字，指的就是二轉依果。

　　二轉依果，指的是涅槃與菩提。涅槃與菩提二果，是轉捨煩惱、所知二障得來的。即轉煩惱障證得涅槃，轉所知障證得菩提。

　　菩提是梵語，此譯為覺。覺是覺悟的意思。然其所覺悟的境，則有事理二法。以理來說，理即是涅槃，即斷煩惱障的一切智，此智通於三乘菩提；以事來說，事就是一切有為諸法，即斷所知障諸法的一切種智。佛之菩提通此事理二法，故曰大菩提。

　　大菩提之體為無漏八識，以菩薩斷所知障故，第八識離有漏，變現為無漏清淨，住生死涅槃無差別，利樂有情，稱曰菩提。

　　菩提有四無漏智相應心品，一者大圓鏡智相應心品，在十地終心金剛喻定現在前時，即大圓鏡智現起，同時，清淨第八識俱起，與此大圓鏡智相應。是名大圓鏡智相應心品，這是轉有漏的第八識所得的智慧。正如有漏的第八識藏了萬法種子，變現根身器界；而此智則是藏了無漏種子，變現佛果妙境。其變現猶如圓鏡映現萬物，故稱大圓鏡智。

　　二者平等性智相應心品，有漏的第七識，因有我執故，有自他差別，今以智起之故，已斷我執，自他平等，名平等性智。

有漏的第七識，是緣第八識的見分執為實我，故有自他差別，無法生出平等的大悲。今以此智故，即內證一切諸法平等的理性，外緣一切諸法及自他有情，悉皆平等。

三者妙觀察智相應心品，神用無方，稱之為妙。善觀諸法自相、共相，無礙而轉，名為觀察。這是轉有漏的第六識所得的智慧。此智觀察一切法的自相共相，無礙自在，並於大眾中自在轉大法輪，斷一切疑，令諸有情皆獲利樂。

四者成所作智相應心品，成就本願力所應作事，名成所作智。這是轉有漏的前五識所得的智慧。而為利樂地前菩薩，以及二乘、凡夫，所以遍十方示現三業變化事。

以上是轉有漏的第八、第七、第六、前五種識，得大圓鏡、平等性、妙觀察、成所作四種智。這即是「轉識成智」。其轉變情形，如下表所示：

菩提（四相應心品）
┬ 大圓鏡智－轉第八識－變佛果勝法
├ 平等性智－轉第七識－證自他平等
├ 妙觀察智－轉第六識－觀一切法無礙自在
└ 成所作智－轉前五識－成三業所作

二轉依果的另一果是涅槃，涅槃梵語，此譯圓寂，亦作泥洹、泥畔。早期舊譯為滅、滅度、無為、解脫等。《大乘義章》十八曰：「外國涅槃，此翻為滅，滅煩惱故，滅生死故，名之為滅，離眾相故，大寂靜故，名之為滅。」

　　此二種轉依果，菩提即是無上正等正覺，涅槃即是解脫。無上正等正覺為能證之智，涅槃為所證之果。合菩提與涅槃，就是佛的法身。

　　或問，證得涅槃後，究竟是何境界？實在說，這不是語言文字所能表達的。人類的語言文字，只能表達人類的感官與心識所經驗過的事物，超出人類的經驗範圍，就不是人類的語言文字所可表達的了。再者，涅槃是證得的，不是說得的。除非你親證涅槃，否則，縱然聽了千言萬語，仍體會不出那種解脫的境界。

　　我們如果想在語言文字上一窺涅槃的意義，《大涅槃經》中的一段經文是這樣說的：

> 爾時迦葉菩薩復白佛言，世尊，唯願哀愍重垂，廣說大涅槃行解脫之義。佛讚迦葉，善哉善哉，善男子，真解脫者，名曰遠離一切繫縛，若真解脫離諸繫縛，即無有生亦無和合。譬如父母和合生子，真解脫者則不如是。是故解脫名曰不生。

> 迦葉，譬如醍醐其性清淨，如來亦爾，非因父母和合而生其性清淨，所以示現有父母者，為欲度化眾生故。真解脫者即是如來，如來解脫無二無別。

> 譬如春月下諸種子，得煖氣已尋便出生。真解脫者
> 則不如是，又解脫者名曰虛無，虛無即是解脫，解
> 脫即是如來，如來即是虛無非作所作，凡是作者，
> 猶如城郭樓觀卻敵，真解脫者則不如是，是故解脫
> 即是如來，又解脫者即無為法，譬如陶師作已還破，
> 解脫不爾，真解脫者不生不滅，是故解脫即是如來。
> 如來亦爾，不生不滅不老不死不破不壞非有為法，
> 以是義故，名曰如來入大涅槃。

　　真正的解脫，就是遠離一切繫縛——貪、瞋、痴、慢、疑等諸煩惱。果然遠離一切繫縛，即無生、無和合，無生無和合是「絕待」的真理，這就是解脫，也就是涅槃。

　　涅槃，是斷除煩惱，度脫生死所得的證果。涅槃是真如的理體，其自性本來清淨無垢，但為煩惱所知的客塵障垢所覆蔽，使真如無法顯彰。所以必以無分別的正智斷盡二障，使自性清淨的真如理體顯證出來——涅槃是絕待的無為法，它既不由因而生，亦不由因而滅，所以只是顯證。

　　真如理性無二無別，以依緣盡證來說，涅槃有四種：

（一）本來自性清淨涅槃：

　　一切法本具的實性真如的理體，雖然有時為客塵煩惱覆蔽，但其自性本來清淨，具足無量微妙功德。它不生不滅，凝寂湛

然，離一切分別相。言語道斷，心行處滅。這是一切有情，平等共有的。惟真聖者，依無漏無分別智自內所證，其性本寂，故名涅槃。

（二）有餘依涅槃：

簡稱有餘涅槃，這是斷煩惱障所顯真如。雖斷煩惱障，而異熟果——依身猶存。有餘依即是有殘餘的依身尚存，微苦所依未滅，所以叫有餘依涅槃。

（三）無餘依涅槃：

簡稱無餘涅槃，這與有餘涅槃相同，亦是斷煩惱障所顯真如。煩惱既盡，一切異熟的依身亦滅盡無餘——即生命體的色身已死——故名無餘依。眾苦永寂，故名涅槃。

（四）無住處涅槃：

是斷所知障所顯之真知。所知障為智之障，二乘之人為有所知障，不了生死涅槃無差別之理，固執生死可厭，涅槃可欣。佛斷所知障得菩提之真智時，於生死涅槃離厭欣之情，以有大智，故不住於生死；以有大悲，故不住於涅槃。以利樂盡未來際有情，故謂之無住處，利樂之用雖常起，而亦常寂，故謂為涅槃。

四涅槃中，一切有情，各具自性清淨涅槃；二乘之極聖，具前自性有餘無餘三種涅槃；大乘菩薩在初地已具上有第一第四兩種涅槃，惟佛果之聖者，具足四種涅槃。

四種涅槃，以表示之如下：

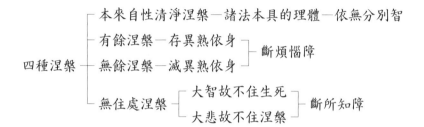

四、涅　槃

大乘因位菩薩，修唯識行，由初發心起，歷經資糧位、加行位、通達位、修習位——十住、十行、十迴向、十地，要證得人、法二空，斷煩惱、所知二障，經過三大阿僧祇劫，才能證得菩提涅槃二勝果，佛的果位。這三大阿僧祇劫——無限長的「長時」，豈不把人嚇煞？

果然，尚未修道，先生了退屈心——廣深退、難修退、難證退。這時，你是不是會想到對治三退屈心的方法：

1. 應念已證菩提的諸佛菩薩，彼既丈夫我亦爾，而不退轉。

2. 應念行菩薩道，修六度萬行，是人生正道，要勇猛精進，

而不退轉。

3. 應念他人所修的有障粗善尚不退轉，況我修此無障善根，
　安能無所成就，而不退轉。

不錯，以三不退轉心來對治我人的退轉心，固然是激勵精
進的方法，但除此以外，還有幾種因素你還沒有算進去，算上
這幾種因素，你的信心就會增加了。這些因素是：

（一）：

「人身難得今已得，佛法難聞今已聞」。你已得人身，已聞
佛法，且又崇奉信仰，可知你已經多生多劫種植善根，獲得慧
根。安知你不是已經修持了多生多劫？不然何以你聞得佛法，
即生歡喜心，生堅信心，生修行心？安知你的成就，不是在最
近的幾生幾劫？多生多劫都修了，到最後階段你能退轉嗎？

（二）：

時空觀念，是我們凡夫的分別心所假立施設的──年月日
時，東南西北，全是人為的標誌，當你修行見道的時候，證得
二取皆空的無分智，則時間之長短，空間之大小，根本就無從
安立了。在純精神的境界中，空間上既然可以納須彌於芥子，
在時間上又何嘗不是一念入於三世，三世入於一念？

無著菩薩造《攝大乘論》，印度的無性上人註釋，他把二大

阿僧祇劫解釋成「一剎那就攝在其中」。意思是說，原本是無限長的時間，當你一旦覺醒的話，也不過是一瞬間而已。

——四十年間出將入相，歷盡人生悲歡離合，一覺醒來，炊間黃粱未熟，你說這時間是長是短？

所以，三大阿僧祇劫，說的不是時間上的長度，而是修持上的深度。

（三）：

修行——修唯識行，在於斷除習障。但不是證得大覺果時才能「頓斷習障」，而是在你修持過程中「漸斷習障」，並且，修一分有一分的進境，斷一分有一分的受用。

你可以隨時隨地的修行，如聽了別人的逆耳之言時，生慍怒心。這時你想：這是那個心王起的作用？那幾個心所隨之而起？當你看到一個美女時，生愛慕心，你可想，這是那一識的作用？那幾個心所隨之而起？對一個美女，你往深一層看，豐滿的肌膚之內是什麼？你往遠一點想，三十年之後她是什麼樣子？除了五蘊假合的肉體外，她的心識之中，有沒有充滿了貪婪、妒恨、愚昧自私的染汙？

慢慢的觀察下去，你對於世間芸芸眾生，會感到憐憫；你心識中所有的貪與恨，慢慢會化成慈悲。

不要讓眼耳鼻舌身意六賊來欺騙你，把色聲香味觸法等外境看做是實體，看做是常住，那都是生滅變異、虛幻不實的東

西。到了你習障漸減，執著較輕的時候，你會感到輕安、自在，有如解脫——雖然還不是徹底的解脫。

修證，是要修才有證。證得了什麼？那是「譬如飲水，冷暖自知」。別人證得的說給你聽，你不能領會；你證得說給別人聽，他也不會了解。人類的語言文字所能表達的十分有限，又何況，你的感覺意念不是別人的感覺意念，別人的感覺意念也不是你的感覺意念。

你不要以為證得菩提與涅槃——佛果，你就有丈六金身，所至之處天人擁護，你錯了，你又把一切實體化了。其實，涅槃只是解脫，遠離一切繫縛，我們不必把涅槃看做高不可攀，深不可測。漢譯經典上把涅槃解釋的神秘萬分，那是被中國的方塊字僵化了。釋迦牟尼佛最初說涅槃時，並不像漢譯經典中說的那麼深奧難解。

釋迦牟尼世尊最初是怎麼說的呢？ 我們先由一個小故事說起：

釋尊成道後，先到鹿野鹿度化五比丘，再到伽耶城的優婁頻羅村度化拜火教的迦葉三兄弟。三兄弟帶著千名弟子皈依了釋尊，釋尊帶著千名比丘往王舍城去，途中經過伽耶山，釋尊在山上為他們說了一個「萬物皆在燃燒」的譬喻。這個故事記載在《雜阿含經》上：

「比丘們呀！萬物皆在燃燒，且燒得很熾烈，你們必須先知道這個實。

比丘們呀！所謂萬物皆在燃燒，有何意義呢？你們看，人們的眼睛不是正在燃燒嗎？不是在對它的對象燃燒嗎？人們的耳朵不是在燃燒嗎？人們的鼻子不是在燃燒嗎？舌頭不是在燃燒嗎？身體不也是在燃燒嗎？心又何嘗不是在燃燒嗎？所有的都對它的對象，熾烈的燃燒著。

比丘們呀！這些何以會燃燒？那是為貪慾的火焰所燃燒，為瞋恚的火焰所燃燒，為愚痴的火焰所燃燒！」

這個山上說法的故事，歐洲佛教學者把它比擬為耶穌的「山上垂訓」。

山上說法，給其後佛教思想留下了很大的影響。芸芸眾生，為「煩惱的火焰」所燃燒的生活，就是由此思想而來。因此，我們要脫離這如火熾燃的人生，就必須先熄滅這煩惱的火焰，才能實現究竟的平安與寂靜，到達清涼世界──「涅槃」。

涅槃思想是由此產生的。因為涅槃一語原來的意義，就是「火焰熄滅的樣子」。

好了，現在我們來看南傳巴利文藏經中，對於「涅槃」是怎麼說的：

「涅槃是徹底斷絕貪愛：放棄它，摒斥它，遠離它，從它解脫。」

「比丘們啊！什麼是絕對（無為）？它就是貪的熄滅、瞋的熄滅、痴的熄滅。比丘們啊！這就叫做絕對。」

「羅陀啊！熄滅貪愛，就是涅槃。」

「一切有為法的熄止，放棄一切汙染，斷絕貪愛，離欲，寂滅，涅槃。」

其實，「煩惱即菩提，生死即涅槃」。你如能在如火熾燃的煩惱中鍛鍊自己，使熾燃的火焰逐漸熄滅，你當生當世，在現實人生中就可獲得涅槃——斷絕貪愛、遠離繫縛的自在解脫。《佛陀的啟示》一書中，有這一段話，值得我人深思：

> 凡是親證真理、涅槃的人，就是世間最快樂的人。他不受世間任何「錯綜」(Complex)、迷執、憂、悲、苦惱等苛虐他人的心理狀態所拘縛，他的心理健康是完美的。他不追悔過去，不冥索未來，只是緊緊實實的生活在現在裡。因此他能以最純淨的心情欣賞與享受一切，而不滲雜絲毫自我的成分在內。他是喜悅的、雀躍的，享受著純淨的生活。他的感官怡悅，無所煩憂，心靈寧靜而安詳。他既無自私之欲求、憎恚、愚癡、憍慢、狂傲及一切染著，就只有清淨、溫柔，充滿了博愛、慈悲、和善、同情、了解與寬容。

參考書目

經論部分

解深密經

入楞伽經

般若心經

瑜伽師地論

唯識三十頌

百法明門論

大乘五蘊論

觀所緣緣論

成唯識論

近代著述部分

相宗綱要	梅光羲著
唯識研究	周叔迦著
佛家名相通釋	熊十力著
唯識研究述要	唐大圓著
唯識三頌講記	方　倫著
唯識要義	楊白衣著

佛家哲理通析　陳沛然／著

　　本書以哲學之進路將佛家之面貌清晰呈現，以現代語言概念精確表明核心問題，並於關鍵處採用梵文之語言學，進行語言分析及觀念釐清，使學理建立於客觀之學術基礎上。由透入原始佛教，經歷佛家各大門派，以至徹入中國大乘佛教，通過不同的專題，將佛門大、小乘之開展歷程前後貫通，使讀者迅速掌握佛家之哲理。